「死の不安」の心理学

● 青年期の特徴と課題

松田茶茶 著 Chacha Matsuda

Psychology of
Death Anxiety

ナカニシヤ出版

まえがき

「生けるものは皆，いつか死ぬ」
「誰にとっても時間は平等に有限」
「だから命を，時間を，人を大切に」

　この当たり前のことが，現代の若者にとって，非常に認識しづらくなっているようである。殺人，自殺，自傷，虐待，いじめ等々。新聞を開いてもテレビの報道番組をつけても，「死」に対する常識的な認知が獲得できていないのかと思わんばかりのニュースが毎日のように流れ，その種の事件があまりに多すぎるせいか，流れると同時に忘れられてしまうように感じる。
　「死」とは何か。「生きる」とは何か。これは古来より，あまたの人々が挑戦してきた究極的な思索である。この思索行為はなにも哲学者だけの専売特許ではなく，考え，悩み，解決を見出したり失ったり，諦めたり，何かにヒントや救済を求めたりと，程度の差はあれ多くの人々が行うことである。ことに思春期以降の青年期にある若者がこの思索に従事するのは自然のことである。なぜなら，おこがましくもエリクソンによるアイデンティティ論に威を借りれば，青年期はまさにアイデンティティ達成を心理的課題とする時期であり，その一部として，時間的展望の拡散や混乱を回避すべく，自己が「生きている」ことや「生きてゆく」ことを裏打ちする主題に取り組まねばならないからである。そして，「生」と不可分の関係にある「死」もおのずと意識に顔を出すことになる。太宰治や村上春樹の作品が，時代やコホートを越え多くの若者の心をとらえ続けることからも，こういったことがうかがえるのではないかと思う。
　しかし現実には，通常の若者にとって死は遠いものであり，現実的感覚をなかなか伴わない。そのため，死について考えるときには漠然とした負のイメージ，つまり「不安」が強くはびこり，極端な思いつめや，思索の拒否を生じさせかねない。

「われわれが患者に抵抗を認めさせ，納得させ得たとき，大きな前進をしたことになる」

これはフロイトが，精神分析を受ける患者について述べた言葉である。ここで言う抵抗とは，苦痛な記憶や感情や衝動に立ち向かわせない力（一種の自己防衛）のことを指しているが，このフロイトの言葉は，青年期における死生への思索にも通ずるものがある。すなわち「死生」という主題が，一見すると思索に苦痛を伴うようでも，苦痛を回避しようとしている自分を認めたとき，ひと踏んばりしてその主題に立ち向かうことにつながるということである。

青年が死について不安を抱いているとするならば，それは死をどう捉えた結果であるのか，死への漠たる不安の中身は何なのか，そしてその不安は青年の心身の活動に何をもたらすのかについて，本書では実証的研究に基づき考察を試みている。博士論文に加筆，修正を施した内容となっているが，本書中で筆者が述べていることには脆弱な箇所が多分にある。また，限界を強く感じる部分も目につくが，それについては大目に見ていただきたい。ただ，筆者が青年期における死生学研究の末席を汚すことで，一人でも多くの方に「死の不安」というネガティヴ感情の存在の「意味」について意識してもらうことができれば幸いである。

松田茶茶

目　次

まえがき　i

［第 1 部］
第 1 章　序　・・・・・・・・・・・・・・・・・・　3

［第 2 部］
第 2 章　研究Ⅰ―死の不安尺度の開発および検討　・・・・・・　17
第 3 章　研究Ⅱ―Health Locus of Control から健康行動への因果関係に及ぼす死の不安の影響　・・・・・・・・・・・・・　30

［第 3 部］
第 4 章　死の不安尺度および死の不安の機能に関する諸問題―再考　・・・・・　49
第 5 章　研究Ⅲ―改訂版 死の不安尺度の開発および検討　・・・　52
第 6 章　研究Ⅳ―死の不安と宗教性の関連性　・・・・・・・　60
第 7 章　研究Ⅴ―死の不安，宗教性，健康をつなぐ包括モデルの実証的検討　・・・・・・・・・・・・・・・・　67

［第 4 部］
第 8 章　総合考察　・・・・・・・・・・・・・・　83

文　献　87
資　料　93
謝　辞　137
索　引　139

第 1 部

第1章

序

1. 死に対する意識

■ デス・エデュケーションの広まりとその背景

　近年において，死にまつわる様々な問題が物議を醸している。それは，現代社会に見られる死にまつわる様相が，かつてのそれとは大きく変容したことを要因にもつと考えられている。例えば，倫理的あるいは医学的な側面では，病院死の増加による死の現実生活からの隔離，現代医療における人間の命の疎外化に対する反省，死の定義の曖昧化により生じる医療問題などが挙げられる。また，心理学的な側面では，人口の高齢化が進むことで孤独感あるいは不安感をもつ人口が増加していること，疾病構造の変化により医療スタッフのもつべき技能や知識に対する新たな確認の必要性が生じていること，そして，青少年による犯罪や自殺の増加などが挙げられ，これら諸問題を総合的に考えることの重要性が声高に唱えられ始めてきた（柏木，1995）。

　そしてそれを受け，生まれたのがデス・エデュケーションである。アメリカでは1967年のタナトロジー国際学会の開催を端緒に，1969年のミネソタ州立大学内における"死の教育と研究センター"の創設，1976年の小・中学校におけるデス・エデュケーションの開始と続き，そして最近では，高等学校以上の青年期教育においてもその重要性が唱えられている。また，ドイツでは1970年代より，中・高等学校で"死の準備教育"が盛んとなっている。そして日本においても，デーケンにより"死の準備教育"の提唱がなされている（デーケン，1986）ほか，医学および心理学の立場からもデス・エデュケーションの必要性が強調されてきている（柏木，1995）。

■ デス・エデュケーションの目的

　このようにして広まりを呈しているデス・エデュケーションは，以下に挙げる複数の目的をもち，上記のような諸問題を多様な場面，多様な対象に対して，総括あるいは必要要素を抽出して考え得るように促すことを大目的として掲げている。

①死へのプロセス，ならびに死にゆく患者の抱える多様な問題とニーズについての理解を促す。
②生涯を通じて自分自身の死を準備し，自分だけのかけがえのない死をまっとうできるように，死についてのより深い思索を促す。
③身近な人の死に続いて体験される悲観のプロセスとその難しさ，落とし穴，そして立ち直りに至るまでの各段階について理解する。
④極端な死への恐怖を和らげ，無用の心理的負担を取り除く。
⑤死にまつわるタブーを取り除く。
⑥自殺を考えている人の心理について理解を深め，また，いかにして自殺を予防するかを教える。
⑦告知と末期患者の知る権利についての認識を徹底させる。
⑧死と死へのプロセスをめぐる倫理的な問題への認識を促す。
⑨医学と法律に関わる諸問題についての理解を深める。
⑩葬儀の役割について理解を深め，自身の葬儀の方法を選択して準備するための助けとする。
⑪時間の貴さを発見し，人間の創造的次元を刺激し，価値観の見直しと再評価を促す。
⑫死の芸術を積極的に習得させ，第三の人生を豊かなものとする。
⑬個人的な死の哲学の探求
⑭宗教における死の様々な解釈を探る。
⑮死後の生命の可能性について積極的に考察するように促す。

　以上がデーケン（1986）の提唱するデス・エデュケーションの目的であるが，これらの目的は，その領域とする範囲が非常に広く，死に関する問題は学際的な見地で研究がなされている。が，一貫して言えることは，"死について学ぶ"ということは，"生について学ぶ"ということである（デーケン，1986）。

■ 死に関する研究の重要性とその対象

　死に関する諸問題は一般的に，老年期の発達課題やターミナル・ケアなどにおいて最も焦点を当てられている。しかし，死が日常生活から乖離し，生について考えることの少なくなった今日，青年期を含め，子どもに死について教え，意識的に考えさせることが，命の貴さや時間の大切さを教えるうえで非常に重要であると言われている。また，現代社会では事件，事故，災害など様々なかたちで，あらゆる世代において身近に死は起こり得るものであり，それにさらされる頻度は青年期に高い。そして更に，青年期において死を主題として扱うことは，その後の人生に対する基盤を形成することとなると主張されている（松田，1996; 丹下，1999）。

　このようなことから，今日，青年期における死に関する問題は，大きく焦点を当てられるべきものであると捉えられる。

2. 死に関する過去の研究

■ 心理学の研究対象としての死

　心理学の研究として死を扱ったものの中で，特に，個人がもつ死というものに対する態度を捉えようとする試みを行った研究を見ると，死の態度（河合・下仲・中里，2001; Wong, Reker, & Gesser, 1994）や死観（金児，1994, 2001; Spilka, Stout, Minton, & Sizemore, 1977）などに代表されるように，死に対する態度を包括的・多面的に捉えるべきだとする研究が非常に多い。例えば，前者は死に対してもっている態度を4因子構造で説明した尺度の開発研究であり，後者は死に対する総体的態度を6因子構造で説明した尺度の開発研究である。

■ 死の不安に関して

死の不安のもつ性質

　上に述べた以外にも，死に関する態度には，不安，恐怖，強迫，抑うつ，受容など様々なものがあるが，そのような多様な態度の中でも特に，死の不安（death anxiety）は性格特性や心理的不適応と強く関連しているとして，心理学において研究対象としての幅をもち始めている。

例えば，Conte, Weiner, & Plutchik（1982）や Maltby & Day（2000）は死の不安と抑うつ，White & Handal（1990-91）は死の不安と心理的悲嘆，Cox, Borger, Asmundson, & Taylor（2000）や Frazier & Foss-Goodman（1988-89）は死の不安と神経症傾向，タイプA性格，外向性について，それぞれ関係があると報告しており，このような過去の研究結果から，死の不安は精神的健康を考えるうえで非常に重要な要因として位置していると言える。

そして，この死の不安へのアプローチもまた多様な立場をとっている。例えば，性格特性論的立場からは，死の不安は性格特性と深く関係し，特にストレスと感情の領域では，死の不安は不快な感情を引き起こす特定の不安であるとされている。一方で臨床的立場からは，デス・エデュケーションを要とする心理社会的ケアの領域では，死の不安は非常に大きな問題になるとされている（Wittkowski, 2001）。このような状況にかんがみても，死に関する多くの態度や感情の中で，死の不安に心理学的側面から焦点を当てることは大きな意味をもつと言える。

死の不安の定義

死の不安とは一体どのようなものであるのか，その定義を見る必要がある。過去の研究では，死の不安を明確に定義づけているものは非常に少なく，概念が曖昧なままに研究が遂行されているものが多い。しかしその中で，松田（1996）は，死の不安（death anxiety）は"死が現前していないときの，いずれは自分にも死が訪れる可能性に対する漠然とした恐れ"であり，死の恐怖（fear of death）は"死が現前しているときの，死から逃れたいという感情"であると，それぞれを弁別して定義している。また，Tomer & Eliason（1996）は，死の不安（death anxiety）は"自分が存在しなくなった状態を予期することによって引き起こされるネガティヴな情動的反応"であり，死にゆくことの恐怖（fear of dying）は"死にゆく過程を予期することによって引き起こされるネガティヴな情動的反応"であると弁別し定義している。この両者の共通点を挙げると，まず一つ目に，死の不安は死期の近さによってその有無を左右されないということである。そして二つ目には，死の不安は自分に死が訪れることを認識したときに生じるものであるということである。更に三つ目には，死の不安はネガティヴな感情であるということが言える。これらの見解から，死におい

て不安と恐怖は弁別を明確に行うことが重要であると理解される。

そして死の不安の属性はどのようなものであるのか。Miller & Mulligan（2002）は，人間の欲求の基本は生存のための本能的な自己防衛であるため，死の不安は全ての人間に内在し，深く根づいていると述べている。Hayslip, Guarnaccia, Radika, & Servaty（2001-02）は，死の不安は全ての人間に備わっており，QOL（quality of life）の向上を促すものであると述べている。Kastenbaum（1972）は，あらゆる不安は自分自身の死に対する認識に由来すると述べている。そして Schumaker, Warren, & Groth-Marnat（1991）は，死の不安は誰にでもあり，死の不安の低い者は防衛性が高いだけであると述べている。この Schumaker ら（1991）の主張は，Tomer & Eliason（1996）の死の不安モデルの中の，"死の不安はコーピングプロセスの働きによる影響を受ける" という理論に一致している。更に May（1950 小野訳 1963, p.153）は，"不安とは，その個人が，一個のパーソナリティとして存在するうえに，本質的なものと解するある価値が脅かされるときに醸し出される気がかり（apprehension）であり，この場合の脅かされる対象とは，身体的生命，心理学的生命，自分の存在と同一視する何かである" と述べている。

また，死の不安と年齢との関係を見ている研究も多いが，その見解は一見同じようで，しかし完全なる一律ではない。老年期より中年期および青年期の方が死の不安が高いと報告するものもあれば（Neimeyer, Moore, & Bagley, 1988; Neimeyer & Van Brunt, 1995; Wong, Reker, & Gesser, 1994），少年期の終わりから成人に至るまでの青年期に，死が最高の暗さと力をもって，唐突にその存在をあらわにし始めると言うものも（安渓，1991），思春期から年齢に比例して死の不安は低くなると報告するものもあり（Thorson & Powell, 1994），老年期に比して青年期の方が死の不安が高いとは言えるが，年齢との関係性が明確化されているわけではない。

以上をふまえ，本研究では死の不安を，"人間の基本的欲求である生存のための自己防衛に伴って生じるものであり，'いずれ自分にも死が訪れる' という，回避することのできない脅威に対してもつネガティヴな感情" と定義した。

今までのところで，青年期における死に関する研究の重要性，そしてその中でも青年期における死の不安についてを述べたが，青年期を対象とする場合，

その対象には以下のような性質や傾向が考えられる。それは、一つ目に、死を目前とした者ではない。二つ目に、死は万人に訪れるものであり、死に伴う痛みなどと比べ、"死が自分にも訪れる"ということの方が想起しやすい。そして三つ目に、生命に関わるほどの経験や、近親に死が迫った経験などをもつ者は全体的に少なく、従って死にゆく過程での苦痛は想起しづらい者が多い。このような理由からも、青年期を対象にする場合、死の恐怖や死ぬことの恐怖ではなく、死の不安を探るのが最も適切と考えられる。

　死の不安が心理的不適応と関連していることは前述した。しかしここでは、Miller & Mulligan（2002）の主張と同じく、死の不安を人間の基本的欲求によるものとして捉えており、生存のために必要なものとした。ここから、死の不安は極端に高い場合には悪影響を及ぼすが、極端に低い場合にもまた悪影響を及ぼすのではないかと考えられる。この考えに関しては、Servaty & Hayslip（1996）が"ある一定水準の意識的な死の不安は、心理的健康に必要なものである"と述べていることに支持される。

　また、死の不安はよりよく生きるために必要なものであると考えるとき、実際にどのような働きを呈するのか、その役割を見るという観点も併せて本研究ではアプローチをしていく。

3. 青年期における死の不安に関連する諸問題

死の不安と健康行動

　近年、ヘルス・プロモーションの拡大が見られ、それに伴って死亡率は下がってきており（McGinnis, 1991; Taylor, 1991）、それと同時に健康心理学が広まり、健康希求行動（Kirscht, 1983; Krantz, Baum, & Wideman, 1980）や健康に関する情報への要求（Krantz, Baum, & Wideman, 1980）に影響する要因の研究もなされてきている（Knight & Elfenbein, 1996）。しかし一方で、現代の死因構造の大半を占めているのはガンや心臓病、あるいは脳血管疾患などの生活習慣病であり、若年者ほど健康習慣の死亡率への関与が高いと言われている（村松・村松・村松・金子・實成・武田・合田・片岡, 1999）。また、大学生を含む青年期は活動的で、他の年齢層と比較して有疾病率の低い集団であ

るため，自身の健康への関心は低いとも言われている（佐々木・板橋・富田，1996）。しかし，青年期にとっている健康に関わる行動や意識は，将来の健康を予測する大きな要因である。

過去の知見を見ると，極端に高い死の不安はリスク行動の要因となっているとする研究が多く（Crisp & Barber, 1995; Kübler-Ross, 1969; Miller & Mulligan, 2002），その中で，死の不安を低減させるため，敢えてリスク行動を冒し，自分が無事であることを確認したとき，自分に死が訪れることの否認に成功し，脆弱性のなさを確認する，とそのプロセスが説明されている。が，死の不安の高い者は健康に関して特定の行動をとる傾向があるという報告もあり（Knight & Elfenbein, 1996; Zajonc, 1965），死の不安と健康行動との間に関係があることは認められている。ところが，その関係の方向性は明確・一定ではないとする研究もあり，この方向性の明確化は課題の一つとして挙げられている（Knight & Elfenbein, 1996）。このような状況から考えると，死の不安と健康行動という二つのものの間に，他の要因が介在している可能性も考えられる。そこでこれより，死の不安と健康行動との関係を考えるにあたり，死の不安および健康行動と関係すると考えられる他の要因も併せて考えていく。

■ 健康行動と Health Locus of Control

先に述べたように，生活習慣病の増加により，健康行動の重要性が高まってきている。そしてこの健康行動を予測するとして，Health Locus of Control（以下 HLC）の存在がある。これは Rotter の社会的学習理論に基づく Locus of Control（以下 LOC）から派生したもので，健康に領域を絞って，健康に関する統制の所在の内的性の個人差を見るもので，一つの人格変数とされている（田邊, 1995; Wallston, Wallston, Kaplan, & Maides, 1976; 渡辺, 1985ab）。この HLC について，内的統制者は"自分の健康は自分の力で変えられる，決められる"という信念を有し，逆に外的統制者は"自分の健康は外的な要因によって決定づけられ，自分ではどうしようもない"という信念を有するとされている。

過去の知見によれば，内的統制と健康行動は正の関連を示すという結果が多く見られる（Armitage, Norman, & Conner, 2002; Norman, Bennett, Smith, & Murphy, 1998）が，しかし内的統制と健康行動との関連は極めて低いとする結

果もある (Norman, 1995; 大森・佐藤, 2000)。そこでこの矛盾を解くうえで，HLC と健康行動との間に第三の要因が存在し，影響しているのではないか，という可能性が考えられる (桑原・笹竹, 2001; Struthers, Chipperfield, & Perry, 1993)。

　この第三の要因となるのは"動機づけ"となるものであろうと考えられているが，その中で，"健康価値 (health value)"を当てはめた研究が多くあり，内的統制者で，かつ健康価値を高く位置づける者ほど，健康行動が高いと報告されている (Bennett, Norman, Moore, Murphy, & Tudor-Smith, 1997; Norman, Bennett, Smith, & Murphy, 1998; 渡辺, 1985ab)。しかし，"健康価値"以外に考え得る要因がモデルとして試された研究は見られず，未だ，この第三の要因については再考の余地が大きい。

■ 死の不安と Health Locus of Control および Locus of Control

　LOC は HLC を含んだ，より包括的な概念であるが，その LOC と死の不安の関係性を見出したり，あるいは LOC の構成概念の中に死の不安を組み込んだモデルを用いたりした研究が，その数を増やしてきており (Berman & Hays, 1973; Hyams, Domino, & Spencer, 1982; Tang, Wu, & Yan, 2002; Tolor & Reznikoff, 1967)，それらの研究の中では，死の不安と内的統制とは負の関連を示すという報告が多い (Hyams, Domino, & Spencer, 1982; Tang, Wu, & Yan, 2002)。しかし，死の不安と内的統制とは正の関連を示すという報告も一部に見られ (河野, 2001)，この河野 (2001) の研究ではサンプルが看護士および看護学生に限定されているため一般化することは難しいが，文化的・宗教的見地からの解釈もなされており，一概に否定はできない。

　ここで問題となるのは，前述の通り，HLC は LOC という大きな概念のうちの一部であるが，死の不安と HLC との関連を見た研究は，現在のところほとんど見られない。しかし概念的に考えて，死の不安との関係が強いのは LOC よりもむしろ，健康に領域を絞った HLC であろうと考えられる。そこで本研究では，死の不安と HLC を関連づけて考えることで，より妥当なモデルを目指す。

　以上のことをまとめると，まず，死の不安と健康行動との直接的な関係の方

向性が不確定であり,そして死の不安とHLC (LOC) とが負の関連を示すという方向性に例外がある。ここから,HLCと健康行動との関連の間に,死の不安が何らかの影響を及ぼしていると考える。その概念的・理論的根拠としては,健康に価値をおく先には"死にたくない"という感情がうかがえるからである。この考えに関しては,健康価値を死 (mortality) の概念枠で捉えて,健康信念との関連を見た研究 (Struthers, Chipperfield, & Perry, 1993) があることからも支持される。

ここで,上記の筆者の仮定を支える研究を挙げる。それはMiller & Mulligan (2002) の研究であるが,その報告の中で,LOCが内的統制である場合に関して,リスク行動に対する死の顕在性 (mortality salience) の効果があったと述べられている。この報告から,各変数名は異なるが,概念的に考えて,筆者の考えの支柱となり,従ってHLCと健康行動との関係に死の不安が影響を及ぼしていると考えられる。

■ 各要因による健康行動の促進と健康状態

ここまでで,死の不安が高く,かつ内的統制であるとき健康行動が高まると考えてきた。しかしまた,死の不安は抑うつなどの心理的不適応とも関係することが多く報告されており,死の不安の極端に高い者は心理的不適応が高いと言われている (Conte, Weiner, & Plutchik, 1982; Maltby & Day, 2000; White & Handal, 1990-91)。このことを考えると,HLCと健康行動との間に影響を及ぼし,健康行動を促す働きをもつ死の不安も,心理的不適応を助長するほど高くては,かえって健康に悪影響を及ぼすと考えられる。

そこで,これらの変数の関係性を総括して把握するため,HLC,健康行動,死の不安に加え,実際の状況としての健康状態を同時に調査し,内的統制および死の不安により,精神的・身体的,両面の健康が促進されているかどうかを教育的視座から見る必要がある。

4. 死の不安の測定に関する問題

　本研究では，死に関する包括的・多面的な態度ではなく，死の不安という側面に焦点を当てるため，死の不安を限定的に測定する尺度について考える。

　Templer（1969, 1970）によって Death Anxiety Scale が開発されて以来，死の不安は一次元的ではなく多次元的なものであるとして，包括的・多面的に死の不安を捉えようとする試みがなされ，またそのような尺度が開発されてきた。

　これまでに開発されてきた尺度を挙げると，Death Anxiety Scale（Templer, 1970），Templer-McMordie Death Anxiety Scale（McMordie, 1979），Death Anxiety Questionnaire（Conte, Weiner, & Plutchik, 1982），Revised Death Anxiety Scale（Thorson & Powell, 1994）などがあり，本邦においては死の不安尺度（小杉・濱崎，1994），Death Anxiety Scale 日本語版（金児，1994），Death Anxiety Questionnaire 日本語版（杉山，1997）がある。しかし，これらはいずれも，因子構造や因子の概念が開発者によって大きく異なっており，その原因は大きく二つ存在する。まず一つには，いずれも死の不安の定義が明確になされないまま尺度開発が行われていること，そして二つ目には，項目作成の際の手続きが一定でないことである。後者について詳述すると，項目作成のために行うインタビューの対象が，大学生であったり老人であったりと定まっていないもの，既存の尺度からの抜粋項目のみで作成したため，概念そのものの定義が曖昧なもの，因子分析では大学生を対象としているが，項目作成では老人を対象としているものなどが混在している。そしてまた，青年期のみを対象として項目作成がなされた尺度はなく，従って，青年期を対象に実施する場合には不適切な項目内容が存在する。

　これらのほかにも，Collett-Lester fear of Death Scale（Lester, 1990, 1994）や Multidimensional Fear of Death Scale（Neimeyer & Moore, 1994），Reasons for Death Fear Scale（Abdel-Khalek, 2002）が開発されているが，これらはいずれも恐怖（fear）という語をその論文中で多用しており，しかし不安と恐怖の弁別を行ったうえで尺度の開発を遂行しているわけではなく，従って本研究で用いるには適切でない。

　また，死の不安は文化的・宗教的な特色を強くもつものと考えられており

(Florian & Kravetz, 1983; James & Wells, 2002). 従って，これらを翻訳したものが，日本人のもつ死の不安を正確に反映しているかどうかは疑わしい。

そこで，死の不安を測定する尺度は，本研究にて新たに開発するとともに，青年期のもつ死の不安の構造を明確化していく必要がある。

5. 研究の目的

まず，青年期のもつ死の不安の構造を確認し，個人のもつ死の不安を測定する，内容的および概念的に妥当であり，一般性をもつ尺度を開発することを目的とし，尺度開発ならびに標準化を行うこととした。そして次に，HLCから健康行動への因果関係における死の不安の影響を明確化することとした。なお，健康行動の結果としての健康状態も同時に調査し，健康行動と並列的な検討対象とした。

6. 仮　　説

内的統制者は外的統制者より健康行動を開始，継続する傾向が高く，また，死への不安が高まれば，死を回避するための健康行動が高まる。この二つの理論的根拠により，"健康行動を目的としたとき，HLCの内的統制と死の不安が交互作用を呈し，健康行動をより促進する方向に予測し，ゆえに健康状態も促進される"と仮説を立てた（仮説1）。また，死の不安と心理的不適応との関連を指摘した先行知見から，本研究では"死の不安が極端に高い場合には健康行動および健康状態が低減／悪化する"との仮説を立てた（仮説2）。

第2部

第2章

研究Ⅰ
死の不安尺度の開発および検討

■ 1. 目　的

前章で述べたように，現在までに開発されている死の不安を測定する尺度には，日本人の青年期を対象に実施する場合には問題がある。そこで，大学生を対象とした，妥当性を有し，かつ信頼性を十分に満たす死の不安尺度を開発することを目的とした。

■ 2. 予備調査

■ 予備調査1: 項目作成
方　法
(1) 対象者

奈良県，徳島県，高知県に所在する4年制大学の学部生49名で，男性25名（平均年齢21.20歳，標準偏差1.55），女性24名（平均年齢21.17歳，標準偏差.87）であった。なお，有効回答率は100%であった。

(2) 材料および手続き

対象者に一対一のインタビュー形式で，口頭で質問に回答するよう教示した。質問内容は，"自分自身の死に対して不安が高い大学生は，どのような気持ちや言動がみられると思うか"という主旨のもので（資料1参照），更にこのときの"気持ちや言動"とは，状況的あるいは一時的なものではなく，特性的なものを指すことを教示した。得られた回答は，その場で調査実施者が聞き取りシートに書き留め，事後に評価作業を行った。回答に要した時間は約30分であった。（調査時期：2002年12月～2003年1月）

18　第2章　研究Ⅰ

結　果

　89通りの回答が得られ，ここから，よく似た内容の回答を統合，特異な内容の回答を削除，複数の要素を併せもつ回答を分解，といった評価作業を繰り返し，最終的に54通りの回答が残った。この54通りの回答をもとに，質問項目として適切な表現・語調に修正し，"まったくあてはまらない"，"あまりあてはまらない"，"どちらともいえない"，"だいたいあてはまる"，"非常によくあてはまる"の5件法のリッカート式の質問紙の形に仕上げ，54項目から成る，Personal Death Anxiety Questionnaire（PDAQ，以下，同表記）（Ver.1，資料2参照）とした。得点化については，"まったくあてはまらない"から順に1〜5点を与えた。

■ 予備調査2: 表現・語調の修正

方　法

（1）対象者

　徳島県に所在する4年制大学の学部生および大学院生30名で，男性15名（平均年齢22.60歳，標準偏差1.92），女性15名（平均年齢22.53歳，標準偏差.92）であった。なお，有効回答率は100%であった。

（2）材料および手続き

　予備調査1で作成した54項目を掲載したPDAQ（Ver.1）を実施し，回答終了後，項目中に分からない，あるいは分かり難い表現箇所等があるか否かを尋ね，あった場合にはその部分と，分かり難く感じた理由を回答するよう教示した。得られた回答は，その場で調査実施者が聞き取りシート（資料3参照）に書き留め，事後に評価・修正作業に用いた。回答および口頭質問に要した時間は，合わせて約30分であった。（調査時期：2003年2月）

結　果

　表現や質問自体の意味が分からない，あるいは分かり難いと指摘を受けた箇所が5項目に存在したため，それらを修正した。また，各項目の回答分布を見て，回答選択肢2・3・4（"あまりあてはまらない"，"どちらともいえない"，"だいたいあてはまる"）に回答している度数の合計が全体の60%以下のものは反応偏向項目として修正を施した。修正方法については，質問の意味が伝わり

易くなるよう，ならびに反応偏向が緩やかになるよう，単語の置換や語尾語調の修正を行った。この修正を行ったものを PDAQ（Ver.2, 資料4参照）とした。

■ 予備調査3: 得点化対象項目の選定，因子的妥当性および内的整合性の予備的検討

方　法

(1) 対象者

徳島県に所在する4年制大学の学部生201名に実施し，そのうち有効回答は193名で，男性91名（平均年齢20.11歳，標準偏差1.43），女性102名（平均年齢19.35歳，標準偏差.78）であった。なお，有効回答率は96.02%（男性93.81%，女性99.03%）であった。

(2) 材料および手続き

大学講義中に PDAQ（Ver.2）を実施した。回答に要した時間は約15分であった。（調査時期: 2003年2～3月）

結　果

得られた結果に対し，男女別に主因子法およびプロマックス回転法を用いて因子分析を行い，尺度の因子構造を確認した。なお，分析には統計パッケージ SPSS（11.0J for Windows, SPSS社）を用いた。

男女別に，固有値の変化，解釈のし易さの2基準により因子構造を探索した。その結果，男女ともに4因子解が最もまとまっていたため，これを採択した。

まず，4因子中，第4因子（男性4項目，女性5項目）は固有値が1以上ではあるが，項目数が少なく因子として脆弱性が高いため削除し，3因子構造とした。次に各因子を構成する項目の中で，当該因子への負荷量絶対値が.30以上，その他の因子への負荷量絶対値が.30未満，その両者の差が.10以上という基準に従い，男女に共通する項目を当該因子への負荷量の高いものから順に選出した。選出した項目数は第1因子7項目，第2因子7項目，第3因子8項目で，その22項目に再度因子分析を施し，因子的妥当性と内的整合性を確認したところ，男女ともに3因子とも満足する内的整合性（Cronbach の α 係数）が

得られた（$\alpha =.729 \sim .862$）。

ここでの因子分析の結果，男女別に分析を行ったにもかかわらず，得られた各因子の概念内容は男女共通であり，第1因子：死に関する無力感，第2因子：未完，第3因子：死ぬ瞬間の苦しみ・不安，と命名された。

以上により選定した項目を，同一因子の項目が連続しないよう無作為に配置し，全22項目から成るPDAQ（Ver.3，資料5参照）を完成させた。

3. 本調査

本調査1：得点化対象項目の最終選定，因子的妥当性および信頼性の検討

方　法

(1) 対象者

東京都，大阪府，兵庫県，徳島県，岡山県，山口県に所在する4年制大学の学部生477名に実施し，そのうち有効回答は470名で，男性214名（平均年齢18.97歳，標準偏差1.05），女性256名（平均年齢18.88歳，標準偏差1.17）であった。なお，有効回答率は98.53%（男性99.07%，女性98.46%）であった。また，このうちの一部である148名（男性59名，女性89名）に対し3週間後の再検査を実施し，その結果を安定性の検討に用いた。

(2) 材料および手続き

大学講義中にPDAQ（Ver.3）を実施した。回答に要した時間は約10分であった。（調査時期：2003年5～6月）

結果および考察

得られた結果に対し，主因子法およびプロマックス回転法を用い，男女別に因子分析を行った。なお，ここでの分析にも統計パッケージSPSS（11.0J for Windows，SPSS社）を用いた。

固有値の変化，解釈のし易さの2基準により因子構造を選定したところ，予備調査3で予め想定していた因子構造と同様の結果を呈した。この結果をTable2-1-1, 2-1-2に示した。各因子の固有値は第1因子から順に，男性において6.85, 2.85, 1.81，女性において6.34, 3.02, 1.51であった。

Table 2-1-1 PDAQ (Ver. 3) 因子分析結果 (男性)

項目番号	項目文	因子負荷量		
		第1因子	第2因子	第3因子
*9	死ぬと，何も考えることができなくなると思えて辛い。	.820	-.048	-.073
*1	死ぬと，何も感じなくなると思えて辛い。	.798	.014	-.143
*19	死んだら，自分がどこへ行くのか分からないので怖い。	.733	.020	.088
*5	「死ぬ」ということが，どういうことか分からないので怖い。	.691	-.062	.070
*22	死について考えると緊張する。	.613	-.132	.207
*16	死ぬと，独りきりになるので怖い。	.577	.090	.147
13	死んで，自分の意識がなくなってしまっても構わない。	-.454	-.253	.368
*2	夢を成し遂げられないうちに死ぬのは絶対に嫌だ。	-.061	.847	-.009
*21	願望が満たされないまま死ぬと，未練が残るので辛い。	-.066	.829	.108
*11	人生を思いきり楽しまずに死ぬのは，何よりも悲しい。	-.126	.759	.069
*4	したいことが山ほどあるので，どんなことがあっても絶対に死ぬわけにはいかない。	.064	.656	-.097
7	死んで，幸せな生活がなくなるのが嫌だ。	.288	.437	-.100
18	死んで，周りの人と離れるのが，何よりも辛い。	.344	.431	.068
14	自分が死ぬことで，家族や友人に悲しみや苦痛を与えるのがとても辛い。	-.037	.305	.185
*10	楽に死ぬための方法を，たくさん知りたいと思う。	-.284	.071	.668
*12	死ぬときにどのような痛みを感じるかを考えて，怖くなることがある。	.145	.025	.651
*17	自分が刃物などで殺されることを想像して，怖くなることがある。	.126	.018	.623
*20	火事で焼け死ぬ苦しみを考えて，恐ろしくなることがある。	.106	.022	.610
15	自分が死ぬ場面を想像することがある。	-.066	-.123	.583
*8	溺れて死ぬときの苦しみを考えて，恐ろしくなることがある。	.251	-.093	.579
6	家族や友人に，「私が死んだら悲しいか」と尋ねたくなることがある。	-.080	.180	.401
3	「死」というものについての具体的な情報があると，とても気になる。	.136	.232	.338

* 得点化項目

Table 2-1-2　PDAQ (Ver. 3) 因子分析結果 (女性)

項目番号	項目文	因子負荷量 第1因子	第2因子	第3因子
*1	死ぬと，何も感じなくなると思えて辛い。	.857	-.099	-.111
*9	死ぬと，何も考えることができなくなると思えて辛い。	.853	-.036	-.128
*19	死んだら，自分がどこへ行くのか分からないので怖い。	.675	.035	.158
*16	死ぬと，独りきりになるので怖い。	.618	.039	.045
*5	「死ぬ」ということが，どういうことか分からないので怖い。	.524	.137	.118
13	死んで，自分の意識がなくなってしまっても構わない。	-.461	-.280	.123
*22	死について考えると緊張する。	.438	.025	.236
18	死んで，周りの人と離れるのが，何よりも辛い。	.354	.344	.008
3	「死」というものについての具体的な情報があると，とても気になる。	.354	-.023	.134
*2	夢を成し遂げられないうちに死ぬのは絶対に嫌だ。	-.071	.758	-.086
*4	したいことが山ほどあるので，どんなことがあっても絶対に死ぬわけにはいかない。	.043	.724	-.077
*21	願望が満たされないまま死ぬと，未練が残るので辛い。	-.078	.686	.163
*11	人生を思いきり楽しまずに死ぬのは，何よりも悲しい。	-.012	.672	.048
7	死んで，幸せな生活がなくなるのが嫌だ。	.346	.481	-.054
15	自分が死ぬ場面を想像することがある。	.272	-.366	.279
14	自分が死ぬことで，家族や友人に悲しみや苦痛を与えるのがとても辛い。	.087	.289	-.040
*20	火事で焼け死ぬ苦しみを考えて，恐ろしくなることがある。	-.128	.057	.815
*8	溺れて死ぬときの苦しみを考えて，恐ろしくなることがある。	-.076	.061	.750
*12	死ぬときにどのような痛みを感じるかを考えて，怖くなることがある。	.153	.040	.718
*17	自分が刃物などで殺されることを想像して，怖くなることがある。	.044	.036	.625
*10	楽に死ぬための方法を，たくさん知りたいと思う。	-.067	-.190	.397
6	家族や友人に，「私が死んだら悲しいか」と尋ねたくなることがある。	.198	-.085	.280

* 得点化項目

ここで，当該因子への負荷量絶対値が.30以上，その他の因子への負荷量絶対値が.30未満，その両者の差が.10以上という基準に従い，更にその中から男女に共通する項目を選定したところ，最終的に第1因子が項目番号1・5・9・16・19・22の6項目，第2因子が項目番号2・4・11・21の4項目，第3因子が項目番号8・10・12・17・20の5項目となり（全てPDAQ（Ver.3）における項目番号での表記），各因子の命名はその概念内容から，予備調査3の段階と全く同じものとなった。なお，この段階で逆転項目は存在しなかった。以上の15項目を得点化対象とすることに決定し，得点化しない7項目については無関項目として質問紙上に残すこととした。

　次に，得点分布により各下位尺度への反応偏向の有無を調べたところ，いずれの下位尺度においても歪度，尖度ともに大きな偏向は認められず，ほぼ正規性を示していると言える。歪度，尖度を含め，各下位尺度の正規性に関する記述統計的な情報をTable2-2に示した。

　信頼性については，内的整合性と再検査による安定性の両面を測り検討することとした。まず内的整合性については，各下位尺度におけるCronbachのα係数を算出したところ（Table2-3），男女ともにいずれの因子も.75以上という十分な値を示しており，内的整合性が高いと言える。

　安定性については，再検査を実施した対象者の1回目と2回目の同一下位尺度得点間の相関を算出した（Table2-4）。男女ともにいずれの下位尺度においても1%水準で統計的に有意な相関を呈しており，安定性があると言える。

　なお，下位尺度間におけるピアソンの相関係数（Table2-5）については，男女ともにおいて死に関する無力感と未完，死に関する無力感と死ぬ瞬間の苦しみ・不安との間で比較的高い相関が見られたが，いずれも.55を下回っていた。

　以上のように，予備調査から一貫して同一の3因子構造を呈し，因子負荷量にも十分な配慮を行ったことから，PDAQ（Ver.3）は因子的妥当性を備えていると言える。また，内的整合性および安定性についても十分な値を示し，高い信頼性を備えた尺度であると言え，正規性にも問題はなかった。これによりPDAQ（Ver.3）を，全22項目から成り，15項目を得点化対象とする，5件回答法の死の不安尺度PDAQとして確定した。得点化対象項目のみを抜粋し，因子別にまとめた一覧をTable2-6に示す。

Table 2-2 各下位尺度の正規性に関する記述統計

	死に関する無力感		未完		死ぬ瞬間の苦しみ・不安	
	男性	女性	男性	女性	男性	女性
最小値	6	6	4	4	5	5
最大値	30	30	20	20	24	25
平均得点	15.86	17.27	14.75	15.19	13.12	14.62
標準偏差	6.08	5.52	4.07	3.36	4.94	4.62
歪度	.28	.07	-.74	-.76	.19	.06
尖度	-.56	-.64	-.25	.42	-.71	-.73

Table 2-3 各下位尺度における Cronbach の α 係数

	死に関する無力感	未完	死ぬ瞬間の苦しみ・不安
男性	.866	.842	.799
女性	.845	.798	.784

Table 2-4 検査―再検査間における同一下位尺度得点の相関(安定性)

	死に関する無力感	未完	死ぬ瞬間の苦しみ・不安
男性	.845**	.810**	.793**
女性	.819**	.821**	.810**

**$p<.01$

Table 2-5 下位尺度間の相関(因子間相関)

	死に関する無力感	未完	死ぬ瞬間の苦しみ・不安
死に関する無力感		.545	.403
未完	.540		.101
死ぬ瞬間の苦しみ・不安	.423	.201	

左下半表が男性,右上半表が女性における相関係数

Table 2-6 Personal Death Anxiety Questionnaire の得点化対象項目一覧（因子別）

因子	項目番号	項目文
死に関する無力感	1	死ぬと，何も感じなくなると思えて辛い。
	5	「死ぬ」ということが，どういうことか分からないので怖い。
	9	死ぬと，何も考えることができなくなると思えて辛い。
	16	死ぬと，独りきりになるので怖い。
	19	死んだら，自分がどこへ行くのか分からないので怖い。
	22	死について考えると緊張する。
未完	2	夢を成し遂げられないうちに死ぬのは絶対に嫌だ。
	4	したいことが山ほどあるので，どんなことがあっても絶対に死ぬわけにはいかない。
	11	人生を思いきり楽しまずに死ぬのは，何よりも悲しい。
	21	願望が満たされないまま死ぬと，未練が残るので辛い。
死ぬ瞬間の苦しみ・不安	8	溺れて死ぬときの苦しみを考えて，恐ろしくなることがある。
	10	楽に死ぬための方法を，たくさん知りたいと思う。
	12	死ぬときにどのような痛みを感じるかを考えて，怖くなることがある。
	17	自分が刃物などで殺されることを想像して，怖くなることがある。
	20	火事で焼け死ぬ苦しみを考えて，恐ろしくなることがある。

■ 本調査 2: 構成概念妥当性の検討
方　法
（1）対象者

兵庫県，徳島県に所在する4年制大学の学部生72名で，男性40名（平均年齢19.87歳，標準偏差1.68），女性32名（平均年齢18.88歳，標準偏差1.26）であった。なお，有効回答率は100%であった。

（2）材料および手続き

構成概念妥当性を検討するため，ある刺激語に次いで文章を完成させるという文章完成法（Sentence Completion Test: SCT）の手法を用いた。これは，課題遂行と尺度との間に，理論的に予想されるような関連が認められる場合に構成概念妥当性の存在を立証する方法（鎌原，1998）に依拠しており，これと同

様に文章完成法を用い，死の不安尺度との関連を見た研究も存在する（Hayslip, Guarnaccia, Radika, & Servaty, 2001-02; Pinder & Hayslip, 1981）。

　本来のSCTはパーソナリティ全体を捉えるため，前意識レベルを明らかにする目的で開発されたものである。しかし過去の研究によって，自我発達検査やパーソナリティ検査の結果を反映することが認められている（岡田・永井，1991；渡部，1990）。そしてその中で意識的とらわれについて，文章完成法がそれを反映しているという結果が得られており，少なくとも文章完成法によって調べることができるのは，前意識に限ったことではないと言える。しかし，得られた回答が意識的なものであるか前意識的なものであるか，その弁別を明確に行うことは難しい。なお，本研究でPDAQを用いて測定を試みる死の不安は意識的なものである。

　小林（1990）によると，SCTは柔軟性をもち，研究目的に応じた刺激語を選定し，反応内容を一定の基準で評価するという使われ方をされることの多いテストである。そこで文章を完成させるというSCTの手法を用い，教示および刺激語により意識レベルの回答を引き出す道具を作成し，その質問紙の中で死に対する不安に関する記述の見られた回数とPDAQの得点との関連を検討することとした。この検討方法についてはTempler（1970）がレビューし，自身も実証的調査を行い，その妥当性についてまとめている。今回，作成，使用した文章完成手法による質問紙はCompletion Test of Death-related Sentence（CTDS，以下，同表記，資料6参照）と命名したもので，9項目から成り，各刺激語に続いて対象者が意識的に考えていることを記述させる形式である。刺激語の作成および選定にあたっては，各刺激語に続いて得られると想定される回答の概念的属性が限定されないよう，数名への予備的調査の結果から吟味，検討を重ねたうえで行った。

　実施については，大学講義中にPDAQとCTDSを同時に実施した。回答に要した時間は約30分であった。なお，質問紙の順序は始めにCTDS，続いてPDAQと統一し，PDAQの項目によりCTDSの文章構成に影響が現れないようにした。（調査時期：2003年7月）

結果および考察

CTDSにより得られた回答に対し，PDAQの3下位尺度のうちのいずれの下位尺度の概念を表しているか，あるいはいずれも表していないかを評定した。なお評定には，臨床的作業の熟練者としての臨床心理士と，調査実施者の2名があたった。両評定者間で評定が一致した回答のみを検討対象とし，各下位尺度につき，その概念を表す回答の出現回数をその下位尺度に対応する得点とした。両評定者の評定一致率は男性において77.22%，女性において76.39%，全体で76.85%であった。

ここでの分析には統計パッケージSPSS（11.5J for Windows, SPSS社）を用いた。まず，PDAQとCTDSにおける各対応下位尺度の得点間のピアソンの相関係数を算出し，その結果をTable2-7に示した。男女ともに，対応因子間に有意な相関が見られたのは死に関する無力感においてのみであった。なお男性では，死ぬ瞬間の苦しみ・不安において，統計的に有意ではないが，有意水準が10%を下回り，正に関連する傾向が見られた。

次に，男女別，PDAQ下位尺度ごとに，得点が第3四分位数以上の者を高群，第1四分位数以下の者を低群として群分けを行い，高群と低群との間でCTDSにおける各対応下位尺度の得点に差が見られるか否かを調べた。下位尺度ごとにPDAQの得点の高低と性を独立変数，CTDSにおける対応下位尺度の得点

Table 2-7 PDAQとCTDSにおける対応下位尺度の得点間の相関

	CTDS					
	男性			女性		
	死に関する無力感	未完	死ぬ瞬間の苦しみ・不安	死に関する無力感	未完	死ぬ瞬間の苦しみ・不安
PDAQ						
死に関する無力感	.418**			.538**		
未完		-.051			.284	
死ぬ瞬間の苦しみ・不安			.287+			.070

+$p<.10$, **$p<.01$

Table 2-8　PDAQ 各下位尺度の高群・低群における CTDS 対応下位尺度得点および分散分析結果

| | 死に関する無力感 | | | | 未完 | | | | 死ぬ瞬間の苦しみ・不安 | | | |
| | 高群 | | 低群 | | 高群 | | 低群 | | 高群 | | 低群 | |
	男性	女性	男性	女性	男性	女性	男性	女性	男性	女性	男性	女性
N	10	7	10	6	13	7	8	8	10	7	9	8
M	1.30	1.43	.20	.33	1.15	1.29	1.13	.50	1.10	1.29	.22	1.00
SD	.82	.54	.42	.82	.80	.49	.64	.54	.99	.95	.44	.54
群	$F(1,29)=21.52$**				$F(1,32)=3.23+$				$F(1,30)=4.74$*			
性	$F(1,29)=.31$				$F(1,32)=1.18$				$F(1,30)=3.25+$			
交互作用	なし				なし				なし			

$+p<.10$, $*p<.05$, $**p<.01$

を従属変数とし，2 要因の分散分析を行った。その結果を Table2-8 に示した。死に関する無力感は 1%水準で，死ぬ瞬間の苦しみ・不安は 5%水準で，PDAQ 高低群の有意な主効果が見られた。また，未完の高低群は統計的には有意な主効果は見られなかったが，有意確率は 10%を下回っており，更に女性においては 5%水準で有意な主効果（F (1, 13) =8.74）が見られた。従って，全体として PDAQ 各下位尺度の得点が高い者は，CTDS においても対応する下位尺度の概念に関する文章を構成する傾向が高いと言える。

以上，総体的に PDAQ と CTDS との間に正の関連が認められたことから，PDAQ はある程度，構成概念妥当性を有する尺度であると言える。

4. 全体的考察

本研究により，内的整合性，再検査による安定性，因子的妥当性，構成概念妥当性を検証された死の不安尺度 PDAQ の開発がなされた。

構成概念妥当性の検討では，死に関する無力感と死ぬ瞬間の苦しみ・不安においては，PDAQ と CTDS との間で統計的に有意な関連が見られたものの，男性の未完においては統計的に有意な関連は認められず，この下位尺度についての修正，改良が今後の課題として残された。しかし未完は傾向としては CTDS

と関連を見出せたことから，本研究で用いた検討方法以外の手法を用いるなどして，今後更に検討を重ねる必要がある。その例として，不安に伴うとされる自律神経系の生理指標との関連，他尺度との併存的妥当性を検討するといった方法が考えられる。

　項目作成にあたってはインタビューを行い，そこから作成された各項目について，心理学に精通する9名（含大学教員1名）で吟味，検討を行っているため，PDAQは内容的妥当性についても考慮されたものと言える。

　そして特筆すべきこととして，本研究では尺度作成の前提として定義づけを行っており，このことは過去の研究における問題の一つの克服として意義あるものと言えよう。また，本研究では項目作成の段階から一貫して日本の大学生を対象に尺度開発を行ったが，このことにより過去に開発された欧米の尺度，ならびにそれらの日本語訳とは因子構造も構成項目も異なるものとなり，文化的背景に配慮され，日本の青年期用に特化した尺度となったと言える。特に未完に関する因子は，本研究にて新たに見られた概念のまとまりである。更に宗教的特色の強い因子を構成し得ると予測される項目は尺度中から排除しているため，対象者の宗教的属性を問わず実施可能な尺度として扱える。

　以上，若干の課題は残されたものの，標準化された，青年期を対象とする死の不安尺度として，PDAQがそれにある程度値するものであることが示された。今後は本尺度を用い，HLCから健康行動への因果関係における死の不安の影響を明確化することを検討課題とする。

第3章

研究II
Health Locus of Control から健康行動への因果関係に及ぼす死の不安の影響

■ 1. 目　的

　HLC から健康行動への因果関係における死の不安の影響を明確化することとし，ここでは，内的統制が個人の健康行動および健康状態を予測するとき，その間で死の不安がどのような影響を及ぼしているかを検討することを目的とした。

■ 2. 方　法

■ 対象者
　大阪府，兵庫県，岡山県に所在する4年制大学の学部生700名に実施し，そのうち有効回答は606名で，男性290名（平均年齢19.57歳，標準偏差1.33），女性316名（平均年齢19.21歳，標準偏差1.21）であった。なお，有効回答率は86.57%（男性85.29%，女性88.27%）であった。

■ 材　料
(1) Health Locus of Control の測定
　Wallston, Wallston, Kaplan, & Maides（1976）が Health Locus of Control（HLC）の尺度を開発して以来，Wallston ら（1976）の尺度が翻訳されたり改良を加えられたりと，この概念を測定する試みは数多くなされている。本邦における青年期用の HLC 尺度としては，渡辺（1985ab），堀毛（1991），武藤・斎藤・櫻井・安達（1992），大嶋（1999）により開発されたものがあるが，しかしその研究者によって，開発の際に踏まれる手続きには大きな相違があり，信

頼性あるいは妥当性において非常に不十分なものも存在する。

　これらの中で，その標準化作業，つまり信頼性および妥当性の検討を最も明確に行い，かつ調査使用に十分に耐えられる尺度は，渡辺（1985ab）の Health Locus of Control 尺度（HLC，以下，同表記，資料7参照）であり，本研究ではこれを用いた。この尺度は14項目から成り，外的統制―内的統制という1次元で，"そう思わない"，"ややそう思わない"，"ややそう思う"，"そう思う" の4件法のリッカート式質問紙である。得点化は "そう思わない" から順に1～4点を与え，得点が高いほど内的統制が高いことを表すようにした。なお，項目番号2・3・6・7・10・11・13は逆転項目であるため，逆の得点を与えた。渡辺（1985ab）によると，開発時のサンプルにおける信頼性は，Cronbach のα係数が.79，再テストによる安定性が.73で，構成概念妥当性が保健行動との関連から検討されている。

(2) 健康行動の測定

　Breslow & Enstrom（1980），Breslow & Breslow（1993）は生活習慣病予防の観点から，"7～8時間の睡眠をとる"，"朝食をとる"，"間食をとらない"，"適正体重を維持する"，"定期的に運動をする"，"飲酒を適度にする，あるいは全くしない"，"喫煙をしない" という7つの健康習慣を指標にし，これらの得点によりライフスタイルの良好な集団と，そうでない集団に分類し，両者の間に死亡率の有意な差があること，そして若年者ほど健康習慣による死亡率への関与が強く，若いうちの日常の生活習慣が大きな影響を及ぼすことを報告している。

　この Breslow ら（1980, 1993）の提示する理論に基づき，村松・村松・村松・金子・實成・武田・合田・片岡（1999）が大学生の健康習慣とセルフ・エスティームを調査するための質問紙を作成しており，その内容は非常に有効である。だが，この質問紙は全22項目から成り，そのうち健康習慣に関する質問は8項目で，残りのうちの4項目は人口統計学的なことを問う項目，そして残りの10項目はセルフ・エスティームに関する項目であるため，この中から健康習慣に関する8項目を抜粋し，項目の表現に適宜修正を加え，本研究で用いた（資料8参照）。健康習慣を問う8項目のうち，1項目は Breslow ら（1980, 1993）によって提唱されているものではなく，村松ら（1999）が新たに加えたも

のであり，"栄養バランスに気をつけて食事をとっているか"を問う。項目番号1は実際の睡眠時間を記入する様式で，その他の項目は回答選択肢より選ぶ様式である。得点化は各回答選択肢に1〜4点が与えられ，項目番号2・4・5・6は得点が高いほど健康習慣が良好に保たれていることを，項目番号3・7・8は得点が高いほど健康習慣が不良であることを表す。なお，本研究調査を実施する際，この質問紙の名称を Health Behavior Questionnaire（HBQ，以下，同表記）とした。

(3) 死の不安の測定

研究Ⅰで開発された Personal Death Anxiety Questionnaire（PDAQ，以下，同表記，資料5参照）を用いた。全22項目から成り，そのうち得点化対象項目は15項目で，3因子構造をもち，5件法のリッカート式質問紙である。開発時のサンプルにおける信頼性および妥当性については，研究Ⅰを参照されたい。なお，本尺度は研究Ⅰにおいてほぼ標準化を完了している。

(4) 健康状態の測定

健康行動から導かれることを主目的とする身体的健康に加え，極端な死の不安は抑うつなどの心理的不適応と深く関係していることから，精神的健康も測定することを前述した。その際，質問紙として過去に多くの研究でその臨床的有用性が認められている，日本版 General Health Questionnaire（GHQ，以下，同表記）（中川・大坊，1985）が最も適切と考えた。ただし，項目数による対象者への負担が危惧されるため，その負担を排するため，短縮版である日本版GHQ28（資料9参照）を用いることとした。28項目の短縮版もスクリーニングにおいて十分な検討がなされており，臨床研究を含めた研究活動に大きく貢献するものである。この尺度は28項目から成り，"身体的症状"，"不安と不眠"，"社会的活動障害"，"うつ傾向"の4因子構造をもつ，4件法のリッカート式質問紙である。得点化は各回答選択肢に0〜3点が与えられており，得点が高いほど不健康な状態を表す。

■ 手続き

大学講義中に HLC 尺度，HBQ，PDAQ，GHQ を一つの冊子にまとめたものを実施した。回答に要した時間は約30分であった。なお，冊子にはカウンタ

ーバランスを施してある。（調査時期：2003 年 6 ～ 8 月）

3. 結　　果

ここでの分析には統計パッケージ SAS（Ver.8.2, SAS Institute 社）を用いた。

■ 各尺度における Cronbach の α 係数

各尺度の下位尺度における内的整合性を確認するため，本研究のサンプルにおける Cronbach の α 係数を算出した。この結果を Table3-1 に示した。いずれの尺度のいずれの下位尺度においても高い値を呈しており，女性における GHQ の"社会的活動障害"が.70 を下回っており相対的には低いが，しかし分析対象として扱うにふさわしい値であり，これら下位尺度は十分に内的整合性を満たしていると言える結果となった。

Table 3-1　各尺度の下位尺度における Cronbach の α 係数

	男性	女性
HLC	.762	.723
PDAQ		
死に関する無力感	.857	.875
未完	.815	.818
死ぬ瞬間の苦しみ・不安	.789	.780
GHQ		
身体的症状	.777	.756
不安と不眠	.793	.751
社会的活動障害	.712	.679
うつ傾向	.906	.914

■ 各尺度および質問紙における平均得点，標準偏差，性差

各尺度の下位尺度，ならびに質問紙における平均得点，標準偏差，および性差を Table3-2 に示した。HLC 尺度では性差は見られなかったが，HBQ では 8

Table 3-2 各尺度の下位尺度，ならびに質問紙における平均得点，標準偏差，性差

	男性	女性	t
HLC	38.56 (6.457)	38.67 (5.322)	-.23
HBQ			
睡眠時間	5.89 (1.175)	5.96 (1.162)	-.75
朝食摂取	3.10 (1.132)	3.45 (.976)	-4.02**
間食摂取	2.75 (.917)	3.14 (.818)	-5.61**
栄養バランス	2.26 (.917)	2.43 (.879)	-2.40*
適正体重の維持	2.10 (1.050)	2.38 (.912)	-3.40**
定期的な運動	1.99 (.972)	1.47 (.818)	7.11**
飲酒	1.97 (.753)	1.73 (.599)	4.46**
喫煙	1.64 (1.187)	1.16 (.611)	6.22**
PDAQ			
死に関する無力感	17.45 (6.445)	16.93 (6.114)	1.02
未完	15.83 (3.788)	15.22 (3.699)	2.04*
死ぬ瞬間の苦しみ・不安	13.37 (5.137)	13.58 (5.056)	-.50
GHQ			
身体的症状	8.14 (4.136)	9.23 (4.044)	-3.29**
不安と不眠	8.36 (4.281)	9.62 (4.033)	-3.73**
社会的活動障害	7.40 (3.077)	7.79 (2.898)	-1.57
うつ傾向	4.84 (4.771)	5.19 (5.008)	-.88

( ) 内は標準偏差，*$p<.05$，**$p<.01$

項目のうち7項目において，PDAQでは3下位尺度のうち1下位尺度において，GHQでは4下位尺度のうち2下位尺度において性差が見られた。従ってここからの分析および考察は，男女別に行うこととした。

■ 変数間の相関

各尺度および質問紙により測定を行い，因子として得点加算すべきものをしたうえで，それら16変数間のピアソンの相関係数を算出したものを，Table3-3に示した。なお，HBQの中の睡眠時間を問う項目に関しては，その質問紙中で実際の睡眠時間を尋ねているため，回答された値から7.5時間を引いたものの

3. 結 果

Table 3-3 変数間の相関

	HLC	HBQ								PDAQ			GHQ			
	①	②	③	④	⑤	⑥	⑦	⑧	⑨	⑩	⑪	⑫	⑬	⑭	⑮	⑯
HLC ①		-.078	-.011	-.033	.159**	.137*	.027	-.118*	.071	.041	.243**	-.140*	-.172**	-.200**	-.211**	-.247**
HBQ																
変換睡眠時間②	-.065		-.066	.039	-.076	-.071	-.041	.132*	.019	-.020	-.004	.027	.281**	.245**	.188**	.228**
朝食摂取③	.046	-.044		.107	.327**	.167**	-.056	-.218**	-.234**	-.008	-.064	-.030	-.078	-.064	-.064	-.087
間食摂取④	-.086	-.050	.011		-.028	-.093	-.167**	.048	.000	.117*	.020	.105	-.087	-.024	-.061	-.024
栄養バランス⑤	.236**	-.187**	.295**	-.099		.320**	.054	-.124*	-.113*	-.002	.078	.000	-.049	-.104	-.172**	-.063
適正体重の維持⑥	.127*	-.094	.186**	-.120*	.407**		.022	-.036	.083	-.044	.134*	-.105	-.094	-.115*	-.193**	-.153**
定期的な運動⑦	.104	-.092	.036	.063	.193**	.147*		.102	-.012	.020	.079	-.026	.114*	.069	-.040	.045
飲酒⑧	.054	-.027	-.106	.045	-.025	-.053	.075		.195**	-.057	-.005	-.015	.139*	.084	.011	.040
喫煙⑨	-.125*	-.065	-.280**	.036	-.160**	-.253**	-.087	.283**		-.183**	-.075	-.110	.168**	.129*	-.021	.071
PDAQ																
死に関する無力感⑩	.149*	-.041	.007	.140*	-.022	.044	.058	-.007	-.079		.491**	.449**	-.017	.079	.040	-.018
未完⑪	.246**	-.106	-.086	.044	.010	-.050	.091	.099	.050	.422**		.168**	-.026	-.042	-.152**	-.260**
死ぬ瞬間の苦しみ・不安⑫	-.026	-.012	.072	.211**	-.031	.040	.085	.017	-.077	.428**	.106		.094	.209**	.181**	.260**
GHQ																
身体的症状⑬	-.177**	.067	-.113	.094	-.045	-.091	-.044	-.028	.092	.145*	-.063	.182**		.596**	.408**	.417**
不安と不眠⑭	-.114	.043	-.023	.201**	-.057	-.019	-.091	.033	-.042	.237**	-.045	.350**	.509**		.501**	.616**
社会的活動障害⑮	-.126*	-.011	-.021	.107	-.094	-.081	-.154**	.056	-.022	.053	-.158**	.119*	.363**	.463**		.483**
うつ傾向⑯	-.150*	.086	-.071	.070	-.112	-.011	-.081	-.035	-.037	.051	-.223**	.311**	.352**	.576**	.433**	

左下半表が男性。右上半表が女性における相関係数
左縦列項目の右の囲み数字と、上横列の囲み数字は対応

*$p<.05$、**$p<.01$

絶対値を算出し，これを"変換睡眠時間"と命名し，分析に用いた。これは，Breslow ら（1980, 1993）が望ましい健康習慣として"7〜8時間の睡眠をとる"ことを提唱しているためであり，つまり，変換睡眠時間の値が大きいほど，望ましい睡眠時間から離れていることを表す。

　HLC と HBQ との相関は，男性では栄養バランス，適正体重の維持，喫煙との間で有意であり，女性では栄養バランス，適正体重の維持，飲酒との間で有意であった。この結果から，HLC の内的性は健康行動をある程度促進する働きをもつと言え，多くの過去の研究（Armitage, Norman, & Conner, 2002; Norman, Bennett, Smith, & Murphy, 1998）に一致する。

　HLC と GHQ との相関は，男性では身体的症状，社会的活動障害，うつ傾向との間で有意であり，女性では身体的症状，不安と不眠，社会的活動障害，うつ傾向の全てとの間で有意であった。この結果から，HLC の内的性は健康状態の良さと正に関連すると言える。

　多くの研究で特に問題視されている死の不安と心理的不適応との関連について，まず PDAQ とうつ傾向，ならびに PDAQ と社会的活動障害との相関は，男女ともに未完，死ぬ瞬間の苦しみ・不安との間で有意であった。ただし，男女ともに未完はうつ傾向および社会的活動障害と負の有意相関を示していた。そして PDAQ と不安と不眠との相関は，男性では死に関する無力感，死ぬ瞬間の苦しみ・不安との間で有意であり，女性では死ぬ瞬間の苦しみ・不安との間で有意であった。この結果から，男女間で部分的な差は見られるが，死の不安のうち，死に関する無力感と死ぬ瞬間の苦しみ・不安は，心理的不適応と関連をもつと言え，やはり過去の研究（Conte, Weiner, & Plutchik, 1982; Maltby & Day, 2000）と一致する。しかし，未完が心理的不適応と負の有意相関を示していることは，本研究において初めて提起されるものである。

　また，一般に HLC の内的性と死の不安は負の関連を示すと言われているが，HLC と PDAQ との相関は，男性では死に関する無力感，未完との間で有意であり，女性では未完，死ぬ瞬間の苦しみ・不安との間で有意であった。ただし，女性における HLC の内的性と死ぬ瞬間の苦しみ・不安以外は正の有意相関を示していた。従って，一般的に述べられている見解とは一致する部分とそうでない部分とが混在している結果となった。

健康行動と死の不安は，関連の有無，およびその関連の方向性が明確化していないのが現状だが，本研究において HBQ と PDAQ との相関は，男女ともに有意ではあるが非常に低い相関がわずかに見られたにとどまり，直接的な強い結びつきは認められなかった。なお，男性では間食摂取と死に関する無力感，死ぬ瞬間の苦しみ・不安との間に有意な正の相関が見られ，女性では間食摂取と死に関する無力感との間，適正体重の維持と未完との間に有意な正の相関が，喫煙と死に関する無力感との間に有意な負の相関が見られた。

そして，健康行動と健康状態は密接に関係すると考えられるが，HBQ と GHQ との相関は，男性においては間食摂取と不安と不眠との間，定期的な運動と社会的活動障害との間で有意であり，女性では身体的症状，不安と不眠，社会的活動障害，うつ傾向のいずれにおいても HBQ との間に見られる有意相関の数が男性より多かった。このことより，女性の方が健康行動と健康状態が強い関連をもつということが示唆された。

■ 重回帰分析による変数間の因果関係の検討

HLC，健康行動，死の不安，および健康状態の因果関係を明確化するため，重回帰分析を行い，仮説の検証を試みた。その際，先行研究および概念的理論に基づき，内的統制が個人の健康行動および健康状態を予測するとき，その間で死の不安が影響を及ぼしているというモデルを設定した。

健康行動および健康状態を目的変数とし，HLC，死の不安，および HLC と死の不安の交互作用を説明変数として重回帰分析を行った。ここで，PDAQ については3因子から構成されているが，各因子のもつ影響を検討するため，3因子を同時に投入した。そして，多重共線性（multi-colinearity）を回避するため，説明変数の測定値を全て各平均値からの偏差に変換し，重回帰式に投入した。なお，ここでも睡眠に関しては"変換睡眠時間"を用いた。

以上の作業を施したうえで行った重回帰分析の結果を Table3-4-1 ～ 3-4-12 に示した。まず，設定したモデルに関して，そのモデル，つまり重回帰式が有意であったのは，男性では間食摂取，栄養バランス，身体的症状，不安と不眠，社会的活動障害，うつ傾向を目的変数とした場合において，女性では朝食摂取，適正体重の維持，飲酒，喫煙，身体的症状，不安と不眠，社会的活動障

害，うつ傾向を目的変数とした場合においてであった。

Table 3-4-1　変換睡眠時間を目的変数とした重回帰分析結果

	標準偏回帰係数 β	
	男性	女性
HLC	-.058	-.037
死に関する無力感	.013	-.045
未完	-.092	.067
死ぬ瞬間の苦しみ・不安	-.011	.038
HLC＊死に関する無力感	-.085	.095
HLC＊未完	.032	.103
HLC＊死ぬ瞬間の苦しみ・不安	-.105	-.083
重決定係数 R^2	.036	.033

Table 3-4-2　朝食摂取を目的変数とした重回帰分析結果

	標準偏回帰係数 β	
	男性	女性
HLC	.064	-.039
死に関する無力感	.018	.043
未完	-.119	-.131
死ぬ瞬間の苦しみ・不安	.077	-.052
HLC＊死に関する無力感	-.096	-.093
HLC＊未完	.046	-.164*
HLC＊死ぬ瞬間の苦しみ・不安	.049	.163**
重決定係数 R^2	.026	.059**

*$p<.05$，**$p<.01$

Table 3-4-3　間食摂取を目的変数とした重回帰分析結果

	標準偏回帰係数 β	
	男性	女性
HLC	-.074	-.001
死に関する無力感	.062	.105
未完	-.006	-.033
死ぬ瞬間の苦しみ・不安	.190**	.060
HLC＊死に関する無力感	.068	.059
HLC＊未完	-.149*	-.011
HLC＊死ぬ瞬間の苦しみ・不安	.072	-.002
重決定係数 R^2	.076**	.021

*$p<.05$，**$p<.01$

Table 3-4-4 栄養バランスを目的変数とした重回帰分析結果

	標準偏回帰係数 β	
	男性	女性
HLC	.247**	.165**
死に関する無力感	-.043	-.074
未完	-.021	.056
死ぬ瞬間の苦しみ・不安	-.006	.040
HLC＊死に関する無力感	.017	.092
HLC＊未完	.060	-.107
HLC＊死ぬ瞬間の苦しみ・不安	-.003	.020
重決定係数 R^2	.065**	.037

**$p<.01$

Table 3-4-5 適正体重の維持を目的変数とした重回帰分析結果

	標準偏回帰係数 β	
	男性	女性
HLC	.138*	.114
死に関する無力感	.065	-.100
未完	-.112	.175**
死ぬ瞬間の苦しみ・不安	.025	-.087
HLC＊死に関する無力感	-.068	.032
HLC＊未完	.069	-.000
HLC＊死ぬ瞬間の苦しみ・不安	.080	.072
重決定係数 R^2	.037	.055*

*$p<.05$, **$p<.01$

Table 3-4-6 定期的な運動を目的変数とした重回帰分析結果

	標準偏回帰係数 β	
	男性	女性
HLC	.088	-.002
死に関する無力感	-.023	.000
未完	.088	.093
死ぬ瞬間の苦しみ・不安	.085	-.038
HLC＊死に関する無力感	.042	-.025
HLC＊未完	.081	.043
HLC＊死ぬ瞬間の苦しみ・不安	-.063	-.017
重決定係数 R^2	.032	.009

Table 3-4-7 飲酒を目的変数とした重回帰分析結果

	標準偏回帰係数 β	
	男性	女性
HLC	.058	-.078
死に関する無力感	-.087	-.076
未完	.094	.111
死ぬ瞬間の苦しみ・不安	.052	-.005
HLC＊死に関する無力感	.044	.095
HLC＊未完	-.137*	.146*
HLC＊死ぬ瞬間の苦しみ・不安	.107	-.076
重決定係数 R^2	.036	.057*

$^*p<.05$

Table 3-4-8 喫煙を目的変数とした重回帰分析結果

	標準偏回帰係数 β	
	男性	女性
HLC	-.146*	-.028
死に関する無力感	-.090	-.176*
未完	.139*	.073
死ぬ瞬間の苦しみ・不安	-.058	-.049
HLC＊死に関する無力感	.047	.093
HLC＊未完	.018	.106
HLC＊死ぬ瞬間の苦しみ・不安	-.074	-.035
重決定係数 R^2	.040	.065**

$^*p<.05$, $^{**}p<.01$

Table 3-4-9 身体的症状を目的変数とした重回帰分析結果

	標準偏回帰係数 β	
	男性	女性
HLC	-.161**	-.144*
死に関する無力感	.151*	-.071
未完	-.101	.058
死ぬ瞬間の苦しみ・不安	.127*	.110
HLC＊死に関する無力感	.106	.078
HLC＊未完	-.080	.059
HLC＊死ぬ瞬間の苦しみ・不安	-.111	-.117
重決定係数 R^2	.098**	.055*

$^*p<.05$, $^{**}p<.01$

Table 3-4-10 不安と不眠を目的変数とした重回帰分析結果

	標準偏回帰係数 β	
	男性	女性
HLC	-.106	-.145*
死に関する無力感	.188**	.025
未完	-.140*	-.018
死ぬ瞬間の苦しみ・不安	.283**	.196**
HLC＊死に関する無力感	-.068	.078
HLC＊未完	-.040	.065
HLC＊死ぬ瞬間の苦しみ・不安	.000	-.129*
重決定係数 R^2	.169**	.095**

$^*p<.05,\ ^{**}p<.01$

Table 3-4-11 社会的活動障害を目的変数とした重回帰分析結果

	標準偏回帰係数 β	
	男性	女性
HLC	-.102	-.153*
死に関する無力感	.109	.067
未完	-.183**	-.167*
死ぬ瞬間の苦しみ・不安	.087	.161*
HLC＊死に関する無力感	-.037	-.043
HLC＊未完	.028	.058
HLC＊死ぬ瞬間の苦しみ・不安	-.083	-.008
重決定係数 R^2	.067**	.091**

$^*p<.05,\ ^{**}p<.01$

Table 3-4-12 うつ傾向を目的変数とした重回帰分析結果

	標準偏回帰係数 β	
	男性	女性
HLC	-.093	-.120*
死に関する無力感	.034	.001
未完	-.238**	-.244**
死ぬ瞬間の苦しみ・不安	.316**	.291**
HLC＊死に関する無力感	-.022	.007
HLC＊未完	.064	.127
HLC＊死ぬ瞬間の苦しみ・不安	-.035	-.056
重決定係数 R^2	.173**	.196**

$^*p<.05,\ ^{**}p<.01$

次に，重回帰式が有意であったものの中で，HLCと死の不安が有意な交互作用を呈しているものについて検討を行った。男性では，間食摂取に対してHLCと未完の交互作用が有意であった。女性では，朝食摂取に対してHLCと未完，およびHLCと死ぬ瞬間の苦しみ・不安の交互作用，飲酒に対してHLCと未完の交互作用，不安と不眠に対してHLCと死ぬ瞬間の苦しみ・不安の交互作用がそれぞれ有意であった。そこで，有意な交互作用の見られたこれらについて，HLCと死の不安の各々の得点の中央値を用い，対象者をHLCの内的統制群・外的統制群の2群，そして死の不安各因子の高群・低群の2群に分け，その様相をFigure3-1～3-5に示した。男性の間食摂取に及ぼすHLCと未完の影響（Figure3-1）からは，HLCの外的統制が，未完の間食摂取に及ぼす影響を急激に高めており，内的統制が，未完の得点の増加に伴い間食摂取を抑えていることがうかがえる。女性の朝食摂取に及ぼすHLCと未完の影響（Figure3-2）からは，HLCの内的統制群が，未完の朝食摂取に及ぼす影響を急激に低めており，内的統制が高くとも未完の得点が高ければ，朝食摂取が悪化

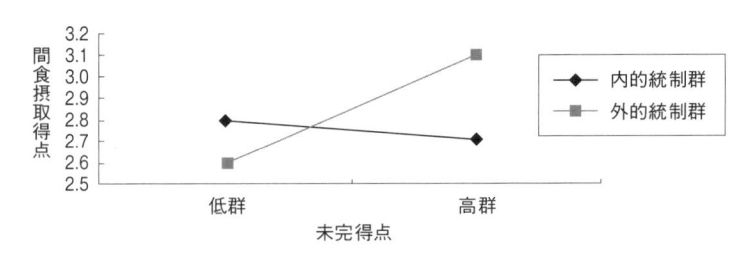

Figure 3-1　男性の間食摂取に及ぼすHLCと未完の影響

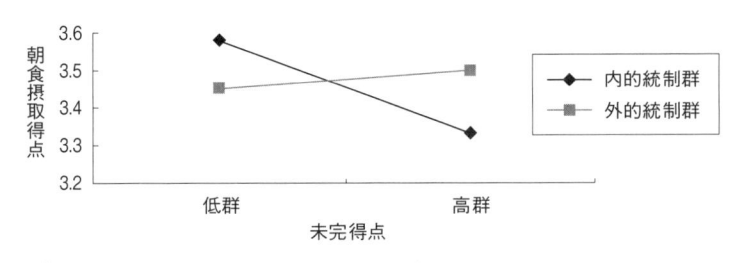

Figure 3-2　女性の朝食摂取に及ぼすHLCと未完の影響

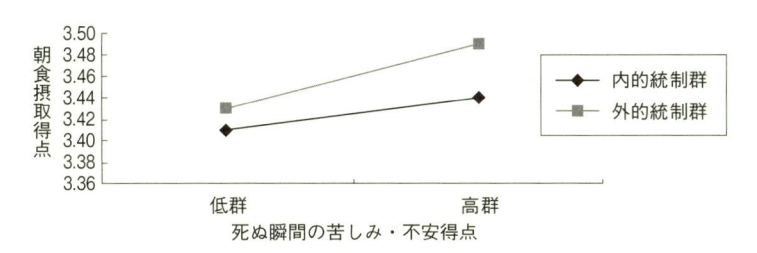

Figure 3-3　女性の朝食摂取に及ぼす HLC と死ぬ瞬間の苦しみ・不安の影響

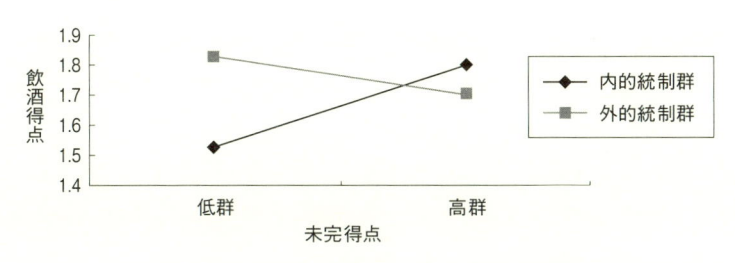

Figure 3-4　女性の飲酒に及ぼす HLC と未完の影響

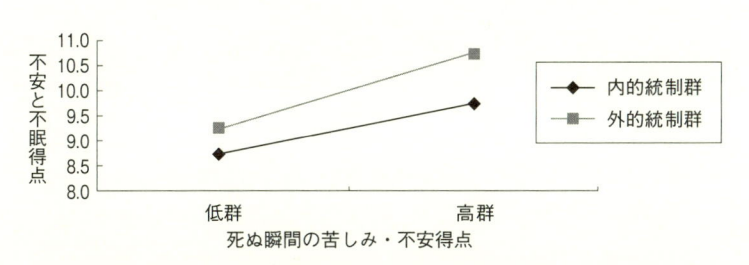

Figure 3-5　女性の不安と不眠に及ぼす HLC と死ぬ瞬間の苦しみ・不安の影響

することがうかがえる。女性の朝食摂取に及ぼす HLC と死ぬ瞬間の苦しみ・不安の影響（Figure3-3）からは，HLC の外的統制が，死ぬ瞬間の苦しみ・不安の朝食摂取に及ぼす影響をより高めており，外的統制が高くとも死ぬ瞬間の苦しみ・不安が高ければ，朝食摂取が良化することがうかがえる。女性の飲酒に及ぼす HLC と未完の影響（Figure3-4）からは，HLC の内的統制が，未完の飲酒に及ぼす影響を急激に高めており，内的統制が高くとも未完の得点が高ければ，飲酒の頻度が高まり，逆に外的統制が高くとも未完の得点が高ければ，

飲酒の頻度が低くなることがうかがえる。女性の不安と不眠に及ぼす HLC と死ぬ瞬間の苦しみ・不安の影響（Figure3-5）からは，外的統制が，死ぬ瞬間の苦しみ・不安の不安と不眠に及ぼす影響をより高めており，外的統制が高く，かつ死ぬ瞬間の苦しみ・不安の得点が高ければ，より不安と不眠の状態が悪化することがうかがえる。

なお，重回帰式が有意であったものの中で，HLC の標準偏回帰係数が有意であったもの，つまり HLC が健康行動および健康状態に有意に影響していたものは，男性では栄養バランス，身体的症状においてであり，女性では身体的症状，不安と不眠，社会的活動障害，うつ傾向においてであった。このことから，女性の方が，HLC が健康行動あるいは健康状態に影響する要因として強く働いているということがうかがえる。また，重回帰式が有意であったものの多くにおいて，死の不安のいずれかの因子の標準偏回帰係数が有意であった。

4. 考察

仮説の検討

Health Locus of Control，健康行動，死の不安，および健康状態の因果関係（仮説1）

健康行動を目的としたとき，HLC と死の不安が交互作用を呈し，内的統制が高く，かつ死の不安も高い場合に健康行動および健康状態が促進されると仮説を立てた。この仮説が適切であると検証されたのは，まず男性における間食摂取についてであり，内的統制が高い場合，死の不安のうちの未完についての不安が高ければ，間食摂取を抑制することが明らかとなった。そして女性においては朝食摂取について，内的統制が高い場合，死の不安のうちの死ぬ瞬間の苦しみ・不安についての不安が高ければ，朝食摂取が促進されることが明らかとなった。しかしこの場合，外的統制の方がより，死ぬ瞬間の苦しみ・不安の得点の増加に伴い朝食摂取を大幅に促進しており，統制が内的であるか外的であるかは関係していないと考えられる可能性がある。

また，女性において，内的統制が高くとも未完の得点が高ければ朝食摂取が悪化すること，内的統制が高くとも未完の得点が高ければ飲酒の頻度が高まる

ことに対し，外的統制が高くとも未完の得点が高ければ飲酒の頻度が抑えられることが明らかとなったが，これらは仮説と矛盾する結果であった。

総体的に見て，仮説モデルである重回帰式が統計的に有意となったのは，男性において12式のうち6式，女性においては12式のうち8式であり，HLCの内的統制が健康行動を予測する際，その間を死の不安が媒介して，その予測効果を高めるというモデル自体の整合性は部分的にしか認められなかった。このため，モデルそのものの改良，あるいはモデルに関わる変数の置換などの可能性を考えねばならない。しかしまた，有意に整合性の認められたものについては，更なる研究により，普遍的に言及できるものであるか否かを検証することが望まれる。

死の不安と健康状態および健康行動との関係（仮説2）

死の不安と心理的不適応も関連をもち，死の不安が極端に高い場合には健康行動および健康状態が低減/悪化すると仮説を立てた。まずPDAQとうつ傾向，ならびにPDAQと社会的活動障害との相関は，男女ともに未完，死ぬ瞬間の苦しみ・不安との間で有意であったが，しかし男女ともに未完とは負の有意相関を示していた。そして，PDAQと不安と不眠との相関は，男性では死に関する無力感，死ぬ瞬間の苦しみ・不安との間で有意であり，女性では死ぬ瞬間の苦しみ・不安との間で有意であった。このことから，死の不安のうち，死に関する無力感，死ぬ瞬間の苦しみ・不安という因子は心理的不適応と正の関連をもつが，未完という因子は他の因子とは異質な働きを示すと考えられ，これはServaty & Hayslip（1996）の"ある一定水準の意識的な死の不安は，心理的健康に必要なものである"という提唱に沿うものであると言える。

また，死の不安と健康行動について，両者の関連の有無，およびその関連の方向性を明確化することも先行研究の中では検討課題となっているが（Knight & Elfenbein, 1996），本研究においてHBQとPDAQとの間で統計的に有意な相関が見られたのは，男女ともにわずかであり，それらの相関係数も低く，直接的な強い結びつきは考え難い結果であった。しかし，男性では死に関する無力感と間食摂取との間，死ぬ瞬間の苦しみ・不安と間食摂取との間にそれぞれ正の有意相関が見られ，死の不安のうちのそれらの因子について不安が高ければ，間食摂取が悪化するという傾向が明らかとなった。一方，女性では死に関

する無力感と間食摂取との間に正の有意相関,死に関する無力感と喫煙との間に負の有意相関,未完と適正体重の維持との間に正の有意相関が見られ,死に関する無力感についての不安が高ければ間食摂取は悪化するが喫煙は抑えられ,未完についての不安が高ければ適正体重の維持は良好に保たれるという傾向が明らかとなった。従って,Knight & Elfenbein (1996) が検討課題としていた問題については,本研究で明確化することはできなかったが,部分的に,死の不安が低い場合には健康行動が低減するという結果が得られ,このことは,死の不安はよりよく生きるために必要なものであるとする理論に一致する結果となった。

■ 今後の課題

　重回帰分析による結果から,仮説モデルの改良,あるいはモデルに当てはめる変数,つまりHLCと健康行動および健康状態との因果関係において媒介機能を果たす要因の再検討が,今後の課題として検討される意義をもつと言える。その際には,回帰分析によって因果に言及するのみでなく,パス解析や共分散構造分析等,パス図を描くことでモデルとしてより分かりやすい因果関係を検証,提示する必要性がある。

　また,死の不安と心理的不適応との関係として,本研究ではうつ傾向,社会的活動障害,不安と不眠との関連を見たが,死の不安のうち,死に関する無力感と死ぬ瞬間の苦しみ・不安は,心理的不適応と関連をもつと言うことができ,このことは先行知見を確かめる結果であった。しかし,未完と心理的不適応とが負の有意相関を示していたことは,本研究を行ったことで初めて提起された矛盾であり,未完という因子が心理的不適応と特有の関係性を示すものであるのか否か,今後,検討する必要性が示唆される。

第 3 部

第4章

死の不安尺度および死の不安の機能に関する諸問題—再考—

1. 死の不安尺度に関する問題

　研究Ⅰにて死の不安尺度 Personal Death Anxiety Questionnaire（PDAQ）の開発および標準化を行ったが，研究Ⅱにおいて実態調査を行ったことにより，PDAQに残された問題が表面化した。

　まず，無関項目の存在に関してである。無関項目はPDAQ上に7項目あるが，この7項目が被験者にとっての負担となる可能性がある。特に，研究Ⅱのように実施する質問紙の種類数や項目数が多い調査を行う場合，少しでも被験者の回答負担を軽減するよう努めなければならない。しかし，単純にその無関項目を削除すればよいわけではない。なぜなら，PDAQの標準化を行う際，7つの無関項目も配置した状態で信頼性および妥当性を検討しているためである。無関項目は緩衝項目あるいは擬似項目としての機能を果たしている可能性もあるため，無関項目を削除するには，削除した後も尺度の因子構造，因子概念，信頼性，妥当性が全て保持されることを検証しなければならない。

　また，妥当性の検討に関する問題も残されている。研究ⅠではPDAQの因子的妥当性，構成概念妥当性，内容的妥当性を検討したが，構成概念妥当性の検討において，男性の第2下位尺度"未完"については，統計的には妥当性があるという傾向が見出せたにとどまっている。そこで今後の課題として，研究Ⅰで用いた検討方法以外の手法を用い，更に妥当性検討を重ねる必要性が生じた。

　以上の点から，PDAQの改訂版を作成することを急務的課題とした。

　なお，第3下位尺度の"死ぬ瞬間の苦しみ・不安"は，その命名に"不安"という語を用いていたが，これは不安を測定する尺度の因子名としては不適切で

あることが分かった。そこで、本尺度の因子名として不適切でなく、また、概念内容をより包括的かつ正確に表現するよう、第3下位尺度を"具体的苦痛"と命名し直した。

2. 死の不安の機能に関する問題

　研究Ⅱにおいて Health Locus of Control（HLC），健康，死の不安の関連性を検討したが，仮説が支持されたのはごく一部であり，仮説モデルの再検討が課題となった。そこで，死の不安と心身健康との間に比較的多くの関連性が示されたことに着目し，新たなモデルを作成することとした。

　そこで理論基盤として参照したのが Tomer & Eliason（1996）の研究である。彼らは理論的観点から"死の不安形成モデル"を構築しており，その中で，死の不安の高低レベルは宗教的心理変数からの影響を強く受け，また相互に影響しあうと述べている。ただし，このモデルはあくまでも欧米文化を背景としたものであることに注意しなければならない。すなわち，彼らのモデルをそのまま我が国の青年期に適用することは尚早である。しかし，HLCと宗教的心理変数を比較した場合，HLC は宗教的心理変数に内包される側面をもつと考えられ，この Tomer & Eliason（1996）のモデルは，研究Ⅱで立てた仮説モデルのメタ・モデルとして修正材料となる可能性をもつ。なぜなら，HLC の内的統制，外的統制という概念は，健康に関する統制の所在がどこに存在すると考えているかを表すものであり，つまり，統制権が自己内にあるか，自己を超越した存在にあるか，あるいはどこにもないのかといった分類をするものである。ここで言う"自己を超越した存在"は外的統制に該当するが，これは宗教的特色を帯びた概念であり，従って，内的統制—外的統制という1次元の測定は，外的統制の側面から考えると宗教的心理変数と捉えることができる。

　そこで，①死の不安と精神的健康は関連する，②精神的健康と身体的健康は関連する，という研究Ⅱで得られた結果に加え，③宗教性と精神的健康は関連するという，これまでに膨大なコンセンサスの得られている欧米知見（Loewenthal, Cinnirella, Evdoka, & Murphy, 2001; Tix & Frazier, 2005）と，④死の不安は宗教的心理変数の影響を受け，相互影響も示すという Tomer

& Eliason (1996) の理論を組み合わせ，仮説的に包括モデルを作成した(Figure4)。この包括モデルの実証的検討も今後の課題として挙げることとする。

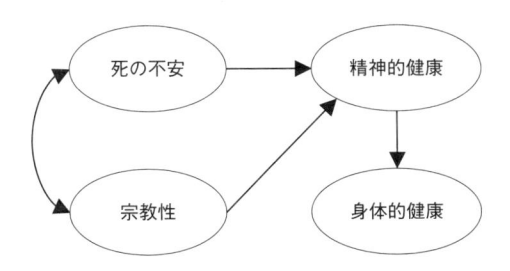

Figure 4　死の不安，宗教性，精神的健康，身体的健康の仮説的包括モデル

第5章

研究Ⅲ
改訂版 死の不安尺度の開発および検討

1. 目 的

研究Ⅰにおいて開発した尺度を，無関項目の削除，ならびに妥当性の更なる検討の点から見直し，改訂版を作成することを目的とした。また，作成された改訂版は，因子構造および信頼性が保持されるか否かの確認を行った。

2. 調査1: 因子構造および信頼性の検討

方 法

対象者

大阪府および兵庫県に所在する4年制大学の学部生，ならびに専門学校の学生323名に実施し，そのうち有効回答は321名で，男性168名（平均年齢19.77歳，標準偏差1.87），女性153名（平均年齢21.56歳，標準偏差4.07）であった。なお，有効回答率は99.38%（男性100%，女性100%）であった。（無効回答はいずれも性別不明であった。）また，このうちの一部である64名（男性34名，女性30名）に対し3週間後の再検査を実施し，その結果を安定性の検討に用いた。

材 料

Personal Death Anxiety Questionnaire（資料5参照）の中に存在した無関項目7項目を削除し，得点化対象の15項目のみを，同一因子の項目が連続しないよう配置し直した。これを全15項目から成るPersonal Death Anxiety Questionnaire-Revision（PDAQ-R，以下，同表記，資料10参照）として用いた。

手続き

大学講義中に PDAQ-R を実施した。回答に要した時間は約 5 分であった。(調査時期：2007 年 12 月)

■ 結果および考察

得られた結果に対し，主因子法およびプロマックス回転法を用い，男女別に因子分析を行った。ここでの分析には統計パッケージ SPSS (14.0J for Windows, SPSS 社) を用いた。

Table 5-1-1　PDAQ-R 因子分析結果（男性）

項目番号	項目文	因子負荷量		
		第1因子	第2因子	第3因子
6	死ぬと，何も考えることができなくなると思えて辛い。	.993	-.123	-.177
1	死ぬと，何も感じなくなると思えて辛い。	.869	-.002	-.163
4	「死ぬ」ということが，どういうことか分からないので怖い。	.480	.079	.208
12	死んだら，自分がどこへ行くのか分からないので怖い。	.476	.165	.202
10	死ぬと，独りきりになるので怖い。	.454	.137	.277
15	死について考えると緊張する。	.345	-.026	.211
14	願望が満たされないまま死ぬと，未練が残るので辛い。	-.098	.884	.037
2	夢を成し遂げられないうちに死ぬのは絶対に嫌だ。	-.025	.828	-.140
8	人生を思いきり楽しまずに死ぬのは，何よりも悲しい。	.001	.705	.036
5	したいことが山ほどあるので，どんなことがあっても絶対に死ぬわけにはいかない。	.101	.637	-.069
9	死ぬときにどのような痛みを感じるかを考えて，怖くなることがある。	-.032	.009	.832
13	火事で焼け死ぬ苦しみを考えて，恐ろしくなることがある。	-.030	.083	.680
11	自分が刃物などで殺されることを想像して，怖くなることがある。	-.021	-.005	.669
3	溺れて死ぬときの苦しみを考えて，恐ろしくなることがある。	.164	-.106	.597
7	楽に死ぬための方法を，たくさん知りたいと思う。	-.246	-.148	.581

第1因子：死に関する無力感
第2因子：未完
第3因子：具体的苦痛

Table 5-1-2 PDAQ-R 因子分析結果（女性）

項目番号	項目文	因子負荷量		
		第1因子	第2因子	第3因子
1	死ぬと，何も感じなくなると思えて辛い。	.851	.160	-.222
6	死ぬと，何も考えることができなくなると思えて辛い。	.806	.139	-.216
12	死んだら，自分がどこへ行くのか分からないので怖い。	.799	-.090	.164
4	「死ぬ」ということが，どういうことか分からないので怖い。	.695	-.103	-.019
10	死ぬと，独りきりになるので怖い。	.578	.005	.196
15	死について考えると緊張する。	.562	-.008	.257
2	夢を成し遂げられないうちに死ぬのは絶対に嫌だ。	-.083	.826	-.011
8	人生を思いきり楽しまずに死ぬのは，何よりも悲しい。	.103	.672	.089
5	したいことが山ほどあるので，どんなことがあっても絶対に死ぬわけにはいかない。	.011	.633	-.094
14	願望が満たされないまま死ぬと，未練が残るので辛い。	.044	.608	.272
13	火事で焼け死ぬ苦しみを考えて，恐ろしくなることがある。	-.125	.044	.790
3	溺れて死ぬときの苦しみを考えて，恐ろしくなることがある。	-.107	.065	.706
11	自分が刃物などで殺されることを想像して，怖くなることがある。	.254	-.015	.524
9	死ぬときにどのような痛みを感じるかを考えて，怖くなることがある。	.237	-.124	.480
7	楽に死ぬための方法を，たくさん知りたいと思う。	-.079	-.003	.415

第1因子：死に関する無力感
第2因子：未完
第3因子：具体的苦痛

　まず，固有値の変化を基準にすると，男女ともに，PDAQ同様に3因子構造を呈した（固有値1以上）。そこで確証的因子分析を行ったところ，Table5-1-1，5-1-2のような結果が得られた。次に，当該因子への負荷量絶対値が.30以上，その他の因子への負荷量絶対値が.30未満，その両者の差が.10以上という基準に従い項目の精選を試みたところ，男女ともにおいて，全項目が基準を満たす結果となった。更に，各因子に負荷する項目もPDAQと全く同じであった。

また，得点分布により各下位尺度への反応偏向の有無を調べたところ，いずれの下位尺度においても歪度，尖度ともに大きな偏向は認められず，ほぼ正規性を示していると言える。歪度，尖度を含め，各下位尺度の正規性に関する記述統計的な情報を Table5-2 に示した。

信頼性に関しては，まず各下位尺度における Cronbach の α 係数を算出した（Table5-3）。男女ともにいずれの因子も十分な値を示しており，内的整合性が高いと言える。安定性については，再検査を実施した対象者の1回目と2回目の同一下位尺度得点間の相関を算出した（Table5-4）。男女ともにいずれの下位尺度においても1％水準で統計的に有意な相関を呈しており，安定性があると言える。

なお，下位尺度間におけるピアソンの相関係数（Table5-5）については，男

Table 5-2　各下位尺度の正規性に関する記述統計

	死に関する無力感		未完		具体的苦痛	
	男性	女性	男性	女性	男性	女性
最小値	6	6	4	4	5	5
最大値	30	30	20	20	24	25
平均得点	16.11	17.82	14.99	16.00	13.72	15.11
標準偏差	6.07	5.98	4.06	3.40	5.03	4.75
歪度	.37	.24	-.81	-.97	.09	-.06
尖度	-.36	-.86	-.03	.41	-.78	-.68

Table 5-3　各下位尺度における Cronbach の α 係数

	死に関する無力感	未完	具体的苦痛
男性	.842	.834	.781
女性	.868	.801	.760

Table 5-4　検査―再検査間における同一下位尺度得点の相関（安定性）

	死に関する無力感	未完	具体的苦痛
男性	.900**	.774**	.912**
女性	.858**	.806**	.711**

**$p<.01$

Table 5-5 下位尺度間の相関（因子間相関）

	死に関する無力感	未完	具体的苦痛
死に関する無力感		.483	.571
未完	.548		.281
具体的苦痛	.479	.345	

左下半表が男性，右上半表が女性における相関係数

女ともにおいて死に関する無力感と未完，死に関する無力感と具体的苦痛との間で比較的高い相関が見られ，これもやはり PDAQ の時点と同じ結果となった。

以上の結果から，PDAQ より無関項目を削除し，全 15 項目のみで実施しても，因子構造，各下位尺度の概念，信頼性のいずれも揺るがず，調査使用に耐えられる水準を保持することが分かった。

3. 調査 2: 弁別的妥当性の検討

方　法

対 象 者

兵庫県に所在する 4 年制大学の学部生 174 名に実施し，そのうち有効回答は 170 名で，男性 63 名（平均年齢 20.32 歳，標準偏差 1.29），女性 107 名（平均年齢 19.85 歳，標準偏差 .63）であった。なお，有効回答率は 97.70%（男性 98.44%，女性 98.17%）であった。

材　料

更なる妥当性検討の手段として，弁別的妥当性を検討することとした。そのため全般不安を測定する尺度として新版 State-Trait Anxiety Inventory-Form JYZ（STAI，以下，同表記，資料 11 参照）（肥田野・福原・岩脇・曽我・Spielberger, 2000）を用いた。信頼性，妥当性ともに十分に検討され，臨床的側面からも吟味のなされた，非常に有効な市販尺度である。4 件法のリッカート式質問紙で，得点化は各回答選択肢に 1 〜 4 点（逆転項目では 4 〜 1 点）が与えられており，得点が高いほど不安が高いことを表す。なお，STAI には"状態不安"と"特性不安"の 2 つの下位尺度が含まれ，それぞれの下位尺度は 20

項目から成っているが，各々を単独に使用することも可能である。そのため，本調査ではそのうちの"特性不安"尺度のみを用いた。

手続き

大学講義中にPDAQ-RとSTAIを同時に実施した。回答に要した時間は約10分であった。なお，質問紙の順序は始めにSTAI，続いてPDAQ-Rと統一し，PDAQ-Rの項目によりSTAIへの回答反応に影響が現れないようにした。(調査時期：2007年12月)

■ 結果および考察

ここでの分析にも統計パッケージSPSS（14.0J for Windows, SPSS社）を用いた。

まず，PDAQ-RおよびSTAIの下位尺度における内的整合性を確認するため，本研究のサンプルにおけるCronbachのα係数を算出した。この結果をTable5-6に示した。いずれの下位尺度においても高い値を呈しており，十分に内的整合性を満たしていると言える。次に，各尺度の下位尺度，ならびに質問紙における平均得点，標準偏差，および性差をTable5-7に示した。STAIには性差は見られなかったが，PDAQ-Rの死に関する無力感と具体的苦痛において性差が見られた。そのため，続く分析も男女別に行うこととした。

PDAQ-RとSTAIの関連性を検討するため，PDAQ-Rの下位尺度とSTAIの相関，ならびにPDAQ-R内の下位尺度間の相関を算出し，Table5-8に示した（いずれもピアソンの相関係数）。PDAQ-Rのいずれの下位尺度もSTAIとの間に有意相関は見られなかった。しかしPDAQ-R内の下位尺度間では，男性においては死に関する無力感と未完，死に関する無力感と具体的苦痛が正の有意相関を示した。更に女性においては，死に関する無力感と未完，死に関する無力感と具体的苦痛，未完と具体的苦痛という，全ての組み合わせで正の有意相関を示した。

この結果より，死の不安と全般不安は，"不安"という感情概念の中で包含関係にあるものであるが，PDAQ-Rは死の不安に特化して測定している尺度であると言える。

Table 5-6 PDAQ-R および新版 STAI の下位尺度における Cronbach の α 係数

	男性	女性
PDAQ-R		
死に関する無力感	.915	.889
未完	.822	.833
具体的苦痛	.741	.780
STAI	.918	.887

Table 5-7 PDAQ-R および新版 STAI の下位尺度における平均得点，標準偏差，性差

	男性	女性	t
PDAQ-R			
死に関する無力感	14.98（6.843）	18.24（6.412）	-3.12**
未完	14.11（4.186）	14.79（3.799）	-1.08
具体的苦痛	13.86（4.872）	15.85（4.782）	-2.61*
STAI	51.81（11.032）	51.98（9.672）	-.11

（　）内は標準偏差．*$p<.05$，**$p<.01$

Table 5-8 PDAQ-R 下位尺度得点間，および STAI 得点との相関

	PDAQ-R			STAI
	死に関する無力感	未完	具体的苦痛	
PDAQ-R				
死に関する無力感		.664**	.549**	.026
未完	.501**		.325**	-.051
具体的苦痛	.363**	.130		.178
STAI	.138	-.042	.122	

左下半表が男性，右上半表が女性における相関係数
**$p<.01$

4. 全体的考察

　本研究により，PDAQ上の無関項目を削除した，全15項目から成るPDAQ-Rの有効性の検討がなされた。

　PDAQの無関項目を削除した後にも，因子構造および信頼性は保持され，か

つ全般不安とは弁別された，死の不安のみを測定することを保証された尺度であることが示された。今後は，青年期における，死の不安を取り巻く心の諸問題の調査等でPDAQ-Rを実践的に活用することで，本尺度の意義を果たすことが望まれる。

第6章

研究Ⅳ
死の不安と宗教性の関連性

1. 目　的

　死の不安を取り巻く諸変数の包括モデルの検討を行うにあたり，まず死の不安と宗教性との間に負の関連性が見られる（Clements, 1998; Swanson & Byrd, 1998; Thorson & Powell, 2000）とする，欧米における一般的傾向は，我が国の青年においても当てはまるか否かを先行的に検討することを目的とした。

2. 方　法

■ 対象者

　兵庫県に所在する4年制大学の学部生143名に実施し，そのうち有効回答は127名で，男性55名（平均年齢19.29歳，標準偏差1.30），女性72名（平均年齢19.53歳，標準偏差3.11）であった。なお，有効回答率は88.81%（男性93.22%，女性88.89%）であった。

■ 材　料

（1）死の不安の測定

　Personal Death Anxiety Questionnaire-Revision（PDAQ-R，以下，同表記，資料10参照）を用いた。

（2）宗教性の測定

　多くの日本人は自己の宗教的行動を意識することがあまりなく，そのため，宗教的な関わりをもっている場合でも，自己を宗教的であるとは認識しないことが多い（金児, 1997; 柳川, 1991）。従って，日本人の宗教性は非常に測定し

難いものである。

　しかしその中で，金児（1997）は日本人に特化した手続きで宗教観測定を行っている。神社参詣者，寺院講集団，一般成人（大学生およびその両親）といった，宗教に対する立場や関わり強度が様々な人々を対象とし，同一の3因子を析出している。そこで，金児（1997）が大学生を対象とした調査において使用し，項目精選を行った宗教観尺度（資料12参照）を用いることとした。全28項目から成り，"向宗教性"，"タタリ霊魂観念"，"オカゲ加護観念"の3因子構造をもつ，4件法のリッカート式質問紙である。回答選択肢は"まったく反対"，"どちらかといえば反対"，"どちらかといえば賛成"，"まったく賛成"で，順に1〜4点（逆転項目では4〜1点）が与えられ，得点が高いほど宗教性が高いことを表す。

　更に，意識面に限らず行動面も測定することにより，より広く宗教性をカバーすることができる可能性を勘案し，日頃の宗教行動質問紙（資料13参照）（金児，1997）も用いた。全15項目から成り，15種の宗教的行動について，日頃その行動をとるか否かを"はい"，"いいえ"の2件で回答する様式である。

■ 手続き

　大学講義中にPDAQ-R，宗教観尺度，日頃の宗教行動質問紙を一つの冊子にまとめたものを実施した。回答に要した時間は約15分であった。なお，冊子にはカウンターバランスを施してある。（調査時期：2007年12月）

3. 結　　果

　ここでの分析には統計パッケージSPSS（15.0J for Windows，SPSS社）を用いた。

■ 各尺度におけるCronbachのα係数

　各尺度の下位尺度における内的整合性を確認するため，本研究のサンプルにおけるCronbachのα係数を算出した。この結果をTable6-1に示した。いずれの尺度のいずれの下位尺度においても高い値を呈しており，十分に内的整合

Table 6-1　PDAQ-R および宗教観尺度の下位尺度における Cronbach の α 係数

	男性	女性
PDAQ-R		
死に関する無力感	.872	.886
未完	.818	.832
具体的苦痛	.848	.795
宗教観尺度		
向宗教性	.841	.869
霊魂観念	.755	.796
加護観念	.772	.771

性を満たしていると言える。

■ 各尺度および質問紙における平均得点，標準偏差，性差

次に，各尺度の下位尺度，ならびに質問紙における平均得点，標準偏差，および性差を Table6-2 に示した。なお，宗教行動に関しては，15種のうち何種類の宗教的行動をとっているかという値も算出し，"宗教行動総得点"として尺度扱いをした。いずれの下位尺度および質問紙においても性差は見られなかった。また，15種の宗教行動の各項目についても性差を確認したところ（Table6-3），全ての行動において性差は見られなかった。

Table 6-2　各尺度の下位尺度，ならびに質問紙における平均得点，標準偏差，性差

	男性	女性	t
PDAQ-R			
死に関する無力感	15.62 (6.193)	16.47 (5.969)	-.79
未完	13.11 (4.396)	13.58 (3.863)	-.65
具体的苦痛	13.85 (5.778)	14.12 (4.870)	-.29
宗教観尺度			
向宗教性	24.44 (5.547)	24.94 (5.365)	- .52
霊魂観念	16.93 (3.741)	18.22 (3.890)	-1.89
加護観念	22.75 (4.592)	23.12 (3.950)	- .50
宗教行動総得点	6.18 (2.667)	5.64 (2.596)	1.15

（　）内は標準偏差

3. 結　果

Table 6-3　宗教行動の各項目における回答分布および性差

項目番号	項目文	男性 はい	男性 いいえ	女性 はい	女性 いいえ	χ^2
1	墓参りをしている。	41	14	52	20	.09
2	この1〜2年の間に，おみくじを引いたり，易や占いをしてもらったことがある。	44	11	54	18	.44
3	祖先や亡くなった肉親の霊をまつる。	37	18	43	29	.76
4	仏壇にお花やお仏飯をそなえる。	41	14	42	30	3.62
5	神棚にお花や水をそなえる。	32	23	35	37	1.15
6	決まった日に神社やお地蔵さんなどにお参りに行く。	20	35	17	55	2.46
7	折りにふれ，おつとめをしている。	7	48	5	67	1.22
8	聖典や教典など，宗教関係の本を折りにふれ読む。	3	52	2	70	.59
9	宗教に関する新聞やパンフレットを読む。	3	52	2	70	.59
10	信仰グループに参加している。	2	53	2	70	.08
11	奉仕グループに参加している。	1	54	4	68	1.15
12	この1〜2年の間に身の安全や商売繁盛，安産，入試合格などを祈願しにいったことがある。	32	23	49	23	1.32
13	お守りやお札など縁起ものを自分の身のまわりにおいている。	33	22	37	35	.94
14	ふだんから礼拝，おつとめ，布教など宗教的な行いをしている。	4	51	7	65	.24
15	初詣でに行く。	40	15	55	17	.22

■ 変数間の相関

　まず，宗教性内での概念一致度を確認するため，宗教観尺度と宗教行動との相関を算出した（Table6-4-1, 6-4-2）。なお，宗教行動に関して，各項目ごとに相関分析に用いる際には，2値データであるため，点双列相関係数を算出して

Table 6-4-1　宗教観尺度と宗教行動総得点の相関

	宗教行動総得点	
	男性	女性
宗教観尺度		
向宗教性	.148	.197
霊魂観念	.189	.341**
加護観念	.060	.488**

$**p<.01$

Table 6-4-2 宗教観尺度と宗教行動各項目の相関

	宗教観尺度					
	男性			女性		
	向宗教性	霊魂観念	加護観念	向宗教性	霊魂観念	加護観念
宗教行動						
項目1	.084	.000	.105	.087	.204	.154
項目2	.031	.064	-.028	.120	.125	.174
項目3	-.015	.446**	.157	-.046	.231	.214
項目4	-.007	.056	.004	.113	.253*	.336**
項目5	-.194	-.096	-.161	.161	.232	.415**
項目6	.036	-.006	.059	.055	.103	.241*
項目7	.049	.052	-.027	-.079	.027	.186
項目8	.083	-.060	.084	.081	.318**	.339**
項目9	.170	.005	.031	.145	-.010	.016
項目10	.126	-.101	-.010	.081	-.010	.038
項目11	.063	-.071	-.082	.230	.096	.178
項目12	.195	.222	.009	.172	.248*	.257*
項目13	.362**	.154	.150	.198	.315**	.300*
項目14	.233	.157	.170	.118	.042	.205
項目15	-.018	.197	-.061	-.043	-.061	.118

$^*p<.05$, $^{**}p<.01$

Table 6-5 PDAQ-R と宗教観尺度の相関

	宗教観尺度					
	男性			女性		
	向宗教性	霊魂観念	加護観念	向宗教性	霊魂観念	加護観念
PDAQ-R						
死に関する無力感	.226	.319*	.206	.189	.250*	.175
未完	.016	.195	.131	.226	.342**	.340**
具体的苦痛	.265	.339*	.284*	.179	.344**	.222

$^*p<.05$, $^{**}p<.01$

いる。総体的に，男性に比べ，女性のほうが宗教観と宗教行動との間に見られる有意相関の数が多く，それらは全て正の相関を示している。このことから，女性のほうが宗教に関する観念と行動がより整合していると考えられる。

次に，死の不安と宗教性の関連性を検討するため，PDAQ-R と宗教観尺度の

Table 6-6-1 PDAQ-Rと宗教行動総得点の相関

	宗教行動総得点	
	男性	女性
PDAQ-R		
死に関する無力感	.149	.370**
未完	-.089	.528**
具体的苦痛	-.016	.063

**p<.01

Table 6-6-2 PDAQ-Rと宗教行動各項目の相関

	PDAQ-R					
	男性			女性		
	死に関する無力感	未完	具体的苦痛	死に関する無力感	未完	具体的苦痛
宗教行動						
項目1	.018	.034	-.066	.128	.304**	-.074
項目2	.043	.065	.067	.176	.222	.008
項目3	-.024	-.027	.084	.171	.354**	-.055
項目4	.263	.005	-.008	.238*	.437**	-.013
項目5	.127	-.080	-.105	.312**	.294*	.067
項目6	-.008	-.132	-.047	.143	.316**	.060
項目7	-.074	-.172	.000	.181	.044	.106
項目8	-.142	-.319*	.006	-.156	.084	-.004
項目9	-.089	-.080	-.232	.129	-.004	.170
項目10	-.115	-.228	.056	.001	.084	.100
項目11	-.080	-.160	-.092	-.142	-.005	-.107
項目12	.025	-.089	.056	.401**	.469**	.042
項目13	.373**	.208	.025	.106	.184	.146
項目14	.132	-.071	.239	.021	-.013	.021
項目15	.195	.025	-.115	.348**	.272*	.048

*p<.05, **p<.01

相関（Table6-5），PDAQ-Rと宗教行動総得点の相関（Table6-6-1），PDAQ-Rと宗教行動各項目の相関（Table6-6-2）を算出した。その結果，女性のほうが圧倒的に，死の不安と宗教性との間に有意相関の多いことが分かる。また，男女ともに，死の不安と宗教性が有意相関を示す場合，一つの例外を除いて全て

が正に相関している。このことは，欧米における一般的知見とは逆の傾向を示すものである。なお，その一つの例外となったのは，男性における宗教行動の"宗教関係の読本"と死の不安の"未完"の相関であり，これのみが欧米の知見との一致を見せた。

4. 考　察

　死の不安と宗教性の関連性に関する研究は，これまで欧米において盛んに行われる一方，我が国においては皆無に等しい状態にあった。そこで，この領域の研究を行うにあたり，まず欧米における一般的傾向が我が国にも当てはまるか否かを検討し，文化的差異を踏まえた独自研究の必要性の有無を確認することが課題であった。

　本調査の結果，我が国の青年は，欧米における知見とは逆の傾向を示し，死の不安と宗教性は正に関連することが分かった。すなわち，宗教性の高い者は死の不安も高いということである。この結果を支持するものとして河野（1998）の研究がある。河野（1998）によると，青年期においては，死の不安と宗教に対する好意的態度は正に関連するが，30歳を境として関連性の正負が逆転するという現象が報告されている。このように，異なる研究でそれぞれが互いに共通の傾向を見出しているということは，本調査から得られた結果の信頼性がある程度保証されたことを意味する。このことからかんがみると，やはり我が国において本領域の研究を行う際には，欧米の踏襲のみでなく，文化的配慮を行った独自の方法論が必要であり，その独自の方法論を構築するための基礎研究もまた，我が国独自に行わねばならないと言える。

　以上を踏まえ，今後は，日本人の青年期に特化した，死の不安の機能に関する独自の包括モデルの検討を試みることとする。

第7章

研究Ⅴ
死の不安，宗教性，健康をつなぐ包括モデルの実証的検討

1. 目　的

青年期において，健康を目的とした場合，死の不安が宗教性とどのように関連しながらどのような機能を果たすかについて，既に仮説として包括モデルを作成した。そこでその包括モデルを実証的に検討することを目的とした。

2. 方　法

■ 対象者

京都府，兵庫県に所在する4年制大学の学部生420名に実施し，そのうち有効回答は321名で，男性156名（平均年齢19.26歳，標準偏差1.20），女性165名（平均年齢19.19歳，標準偏差.91）であった。なお，有効回答率は76.43%（男性80.83%，女性76.74%）であった。

■ 材　料

(1) 死の不安の測定

Personal Death Anxiety Questionnaire-Revision（PDAQ-R，以下，同表記，資料10参照）を用いた。

(2) 宗教性の測定

研究Ⅳと同様，金児（1997）の宗教観尺度（資料12参照），および日頃の宗教行動質問紙（資料13参照）を用いた。

(3) 健康状態の測定

研究Ⅱと同様，中川・大坊（1985）の日本版 General Health Questionnaire

28（GHQ，以下，同表記，資料9参照）を用いた。

（4）健康行動の測定

研究Ⅱと同様，Health Behavior Questionnaire（HBQ，以下，同表記，資料8参照）を用いた。

（5）デモグラフィック・データの収集

近親者との死別経験，ペット飼育経験，死に関する思考の頻度といった，死の不安の発生や高低に影響すると考えられる項目をまとめた質問紙を作成し，デモグラフィック質問紙として用いた（資料14参照）。

■手続き

大学講義中にPDAQ-R，宗教観尺度，日頃の宗教行動質問紙，GHQ，HBQ，デモグラフィック質問を一つの冊子にまとめたものを実施した。回答に要した時間は約25分であった。なお，冊子にはカウンターバランスを施してある。（調査時期：2008年10月）

■3. 結　果

ここでの分析には統計パッケージSPSS（16.0J for Windows，SPSS社），およびAmos5（SPSS社）を用いた。

■各尺度におけるCronbachのα係数

各尺度の下位尺度における内的整合性を確認するため，本研究のサンプルにおけるCronbachのα係数を算出した。この結果をTable7-1に示した。いずれの尺度のいずれの下位尺度においても高い値を呈しており，男性におけるGHQの"社会的活動障害"が.70を下回っており相対的には低いが，しかし分析に耐えられる値であり，これら下位尺度は十分に内的整合性を満たしていると言える結果となった。

Table 7-1 各尺度の下位尺度における Cronbach の α 係数

	男性	女性
GHQ		
身体的症状	.774	.787
不安と不眠	.811	.757
社会的活動障害	.623	.719
うつ傾向	.922	.914
宗教観尺度		
向宗教性	.868	.851
霊魂観念	.747	.756
加護観念	.785	.772
PDAQ-R		
死に関する無力感	.918	.881
未完	.789	.862
具体的苦痛	.816	.846

■ 各尺度および質問紙における平均得点,標準偏差,性差

次に,各尺度の下位尺度,ならびに質問紙における平均得点,標準偏差,および性差を Table7-2 に示した。なお,宗教行動に関しては,研究Ⅳ同様,各項

Table 7-2 各尺度の下位尺度,ならびに質問紙における平均得点,標準偏差,性差

	男性	女性	t
GHQ			
身体的症状	7.87 (4.119)	9.39 (4.200)	-3.28**
不安と不眠	7.81 (4.434)	10.09 (4.087)	-4.79**
社会的活動障害	7.29 (2.745)	7.79 (3.164)	-1.51
うつ傾向	5.32 (5.242)	5.71 (5.081)	- .67
HBQ			
睡眠時間	6.06 (1.201)	5.80 (1.174)	1.98*
朝食摂取	3.01 (1.161)	3.22 (1.137)	-1.65
間食摂取	2.73 (.918)	3.14 (.788)	-4.29**
栄養バランス	2.10 (.910)	2.27 (.851)	-1.73
適正体重の維持	2.22 (1.045)	2.51 (.941)	-2.57*
定期的な運動	1.83 (.985)	1.46 (.859)	3.56**
飲酒	1.83 (.796)	1.61 (.630)	2.69**
喫煙	1.44 (1.036)	1.14 (.583)	3.18**

Table 7-2 各尺度の下位尺度, ならびに質問紙における平均得点, 標準偏差, 性差 (つづき)

宗教観尺度			
向宗教性	23.42 (6.213)	25.14 (5.279)	-2.68**
霊魂観念	17.44 (4.217)	19.37 (3.586)	-4.42**
加護観念	22.16 (4.863)	23.78 (4.043)	-3.24**
宗教行動総得点	5.55 (2.551)	6.18 (2.397)	-2.28*
PDAQ-R			
死に関する無力感	16.88 (6.955)	17.71 (5.876)	-1.16
未完	14.54 (3.909)	15.11 (3.755)	-1.32
具体的苦痛	13.67 (5.264)	14.76 (5.207)	-1.87

( ) 内は標準偏差. $*p<.05$, $**p<.01$

Table 7-3 宗教行動の各項目における回答分布および性差

項目番号	項目文	男性 はい	男性 いいえ	女性 はい	女性 いいえ	χ^2
1	墓参りをしている。	116	40	123	42	.00
2	この1～2年の間に, おみくじを引いたり, 易や占いをしてもらったことがある。	108	48	130	35	3.82
3	祖先や亡くなった肉親の霊をまつる。	101	55	105	60	.04
4	仏壇にお花やお仏飯をそなえる。	110	46	121	44	.32
5	神棚にお花や水をそなえる。	88	68	101	64	.76
6	決まった日に神社やお地蔵さんなどにお参りに行く。	37	119	34	131	.45
7	折りにふれ, おつとめをしている。	14	142	9	156	1.49
8	聖典や教典など, 宗教関係の本を折りにふれ読む。	7	149	8	157	.02
9	宗教に関する新聞やパンフレットを読む。	4	152	3	162	.21
10	信仰グループに参加している。	4	152	9	156	1.72
11	奉仕グループに参加している。	5	151	4	161	.18
12	この1～2年の間に身の安全や商売繁盛, 安産, 入試合格などを祈願しにいったことがある。	85	71	120	45	11.56**
13	お守りやお札など縁起ものを自分の身のまわりにおいている。	73	83	110	55	12.92**
14	ふだんから礼拝, おつとめ, 布教など宗教的な行いをしている。	6	150	10	155	.83
15	初詣でに行く。	108	48	133	32	5.55*

$*p<.05$, $**p<.01$

目ごとの回答（2値得点）と宗教行動総得点の両方を分析に用いた。PDAQ-Rでは性差は見られなかったが，GHQ の 4 下位尺度のうち 2 下位尺度，HBQ の 8 項目のうち 6 項目，宗教観尺度の全 3 下位尺度，そして宗教行動総得点において，それぞれ性差が見られた。また，15 種の宗教行動の各項目についても性差を確認したところ（Table7-3），15 項目のうち 3 項目において性差が見られた。

■ デモグラフィック質問紙における記述統計

デモグラフィック質問紙の各項目における記述統計的情報を Table7-4-1，7-4-2 に示した。

Table 7-4-1　デモグラフィック質問紙における記述統計 1

項目番号	項目内容	男性 あり	男性 なし	女性 あり	女性 なし
1	ペット飼育経験	122	34	138	27
1-1	哺乳類の飼育経験	85	37	104	34
1-2	鳥類の飼育経験	17	105	20	118
1-3	爬虫類・両生類の飼育経験	31	91	26	112
1-4	魚類の飼育経験	54	68	81	57
1-5	節足類の飼育経験	39	83	31	107
1-6	その他の飼育経験	3	119	4	134
2	近親者との死別経験	129	27	142	23

（　）内は標準偏差

Table 7-4-2　デモグラフィック質問紙における記述統計 2

項目番号	項目内容	男性	女性	t
3	死に関する思考頻度	1.83（.836）	2.00（.904）	-1.78

（　）内は標準偏差

■ 変数間の相関

GHQ の 4 下位尺度，HBQ の 8 項目，宗教観尺度の 3 下位尺度，宗教行動総得点，PDAQ-R の 3 下位尺度，デモグラフィック質問紙の 3 項目をあわせた，全 22 変数間のピアソンの相関係数を算出したものを，Table7-5 に示した。な

お，HBQ の中の睡眠時間に関しては，研究Ⅱと同様，変換睡眠時間に換算し分析に用いた。

ここで着目すべき点は，男女ともに，宗教性と精神的健康（GHQ の不安と不

Table 7-5

	GHQ				HBQ				
	(1)	(2)	(3)	(4)	(5)	(6)	(7)	(8)	(9)
GHQ									
身体的症状（1）		.609**	.381**	.514**	.064	-.052	.059	-.038	-.072
不安と不眠（2）	.598**		.472**	.586**	.144	-.016	.108	-.079	-.069
社会的活動障害（3）	.357**	.452**		.473**	.028	.094	-.017	-.094	.004
うつ傾向（4）	.429**	.664**	.361**		.167*	-.035	.080	-.083	-.096
HBQ									
変換睡眠時間（5）	.102	-.061	.091	.005		-.071	.075	-.140	.009
朝食摂取（6）	-.040	-.012	-.090	-.075	-.181*		.109	.304**	.198*
間食摂取（7）	.140	.130	.126	.007	-.131	.219**		-.066	-.047
栄養バランス（8）	-.198*	-.077	-.237**	-.091	-.102	.244**	.002		.404**
適正体重の維持（9）	.132	.047	-.054	.046	.072	.105	-.071	.322**	
定期的な運動（10）	-.026	.058	-.108	-.052	-.155	.052	.169*	.200*	.176*
飲酒（11）	-.062	-.022	.070	-.030	.028	-.062	.059	-.109	-.108
喫煙（12）	.006	.037	-.015	.082	.012	-.163*	-.154	-.075	-.091
宗教観尺度									
向宗教性（13）	.055	.047	-.021	.148	.055	.157	.022	.122	.175*
霊魂観念（14）	-.075	-.049	-.117	-.061	-.002	.056	.109	.155	.070
加護観念（15）	.042	.056	.013	-.007	.078	.102	.013	.109	.162*
宗教行動総得点（16）	-.071	-.046	-.013	-.129	.085	-.067	.086	.089	.178*
PDAQ-R									
死に関する無力感（17）	.127	.179*	.032	-.014	-.010	.082	.175*	.123	.070
未完（18）	.012	.006	-.143	-.071	-.054	.062	.102	.122	.076
具体的苦痛（19）	.184*	.176*	.031	.100	-.056	.021	.127	.080	.024
デモグラフィック質問紙									
ペット飼育経験（20）	.028	.048	-.012	-.066	-.122	.030	-.037	.060	.084
近親者との死別経験（21）	.047	.004	.123	-.053	-.100	-.027	-.023	.052	.033
死に関する思考頻度（22）	.111	.341**	.022	.425**	-.072	.081	-.120	.134	.052

眠，社会的活動障害，うつ傾向）の間に有意相関がほとんど認められないことである。欧米においては，宗教性が高ければ精神的健康度も高いという見解が一般的であるが，やはり日本人青年を対象とした調査では，このように矛盾す

変数間の相関

HBQ			宗教観尺度			宗教行動 総得点	PDAQ-R			デモグラフィック質問紙		
(10)	(11)	(12)	(13)	(14)	(15)	(16)	(17)	(18)	(19)	(20)	(21)	(22)
.050	.064	.025	.036	.018	-.009	.055	.112	.033	.274**	.107	.016	.297**
.059	.123	.046	-.040	-.046	-.048	.021	.057	-.050	.167*	.147	.030	.282**
-.022	.093	.036	-.089	-.168*	-.068	-.140	-.106	-.307**	.047	-.061	.139	.305**
-.045	.039	.129	-.007	-.096	-.083	-.051	-.018	-.296**	.262**	.026	.046	.443**
-.073	.173*	.171*	-.139	-.018	-.133	.009	.038	-.015	-.003	-.044	.071	.030
.015	-.264**	-.294**	.071	.131	.129	.037	.050	-.001	.058	-.030	-.015	.047
-.059	.011	-.069	.017	.118	-.021	.070	.218**	.096	.234**	.037	-.151	.077
.253**	-.143	-.052	.239**	.123	.271**	.026	-.001	.059	-.094	.046	-.098	.032
.266**	-.015	.025	.248**	.166*	.237**	.059	.185*	.053	.068	.100	-.005	.036
	-.006	-.032	.001	.130	.112	.045	.068	.187*	-.032	.066	.012	-.094
.077		.148	-.061	-.028	-.032	-.006	-.004	-.116	.040	-.012	-.053	.054
-.065	.217**		.031	-.109	-.082	-.018	.049	.018	.120	.106	-.114	-.023
.036	-.053	.077		.341**	.489**	.266**	.051	.104	.085	.080	.024	.118
.060	.084	.069	.462**		.477**	.430**	.164*	.284**	.139	.101	-.120	.004
.106	-.061	.085	.579**	.495**		.408**	.059	.201**	.061	.081	.060	.068
.308**	.174*	-.016	.165*	.326**	.369**		.059	.234**	.091	.143	.009	.073
.050	-.039	.039	.178*	.309**	.249**	.139		.531**	.658**	.045	-.014	.175*
.100	-.144	-.019	.161*	.309**	.144	.109	.459**		.303**	.057	.063	-.095
-.044	-.040	.029	.134	.284**	.191*	.064	.621**	.451**		.106	-.012	.333**
.018	-.017	-.063	-.085	-.015	.056	.035	-.009	-.018	-.022		.058	.164*
.040	.071	.029	.006	.028	.026	.073	.009	-.040	.055	-.036		.058
.010	-.132	-.076	.044	-.044	.108	-.152	.014	.007	.161*	.133	-.034	

左下半表が男性，右上半表が女性における相関係数
左縦列項目の右の（　）内数字と，上横列の（　）内数字は対応
* $p<.05$，** $p<.01$

Table 7-6-1 各種動物の飼育経験の有無，および飼育経験のある動物の種類数と，その他の変数の相関（男性）

	飼育経験の有無						
	哺乳類	鳥類	爬虫類・両生類	魚類	節足類	その他	種類数
GHQ							
身体的症状	.001	.019	-.180*	-.171	-.179*	.181*	-.191*
不安と不眠	-.104	.114	-.097	-.041	-.056	.206*	-.059
社会的活動障害	-.191*	.076	.048	-.061	-.104	.085	-.096
うつ傾向	-.073	.021	-.069	-.033	.018	.185*	-.032
HBQ							
変換睡眠時間	.074	-.026	.023	.073	-.099	-.129	.004
朝食摂取	-.188*	-.009	.135	-.019	-.030	.135	-.030
間食摂取	-.069	-.028	-.103	-.062	-.128	.162	-.137
栄養バランス	-.003	-.084	.144	.126	.134	-.081	.131
適正体重の維持	-.051	-.059	-.043	.132	.058	.060	.036
定期的な運動	.086	-.005	-.163	-.051	-.010	-.078	-.068
飲酒	-.104	.061	.037	.139	.133	-.030	.105
喫煙	.194*	.004	-.084	.022	-.012	-.064	.045
宗教観尺度							
向宗教性	.047	.045	.076	.087	.027	.117	.131
霊魂観念	.014	.069	.024	.087	.127	.150	.151
加護観念	.051	-.057	-.017	-.018	.057	.075	.023
宗教行動総得点	-.013	-.057	.018	.011	.039	-.058	-.003
PDAQ-R							
死に関する無力感	-.025	-.043	-.006	.015	.018	.027	-.008
未完	-.038	-.066	-.063	-.011	-.147	.076	-.117
具体的苦痛	.025	-.109	.094	-.146	-.156	-.008	-.119

*$p<.05$

る結果が得られることが分かった。

　そしてもう一つ，男女ともに，GHQ の身体的症状と PDAQ-R の具体的苦痛の間に正の相関が見られることにも着目したい。この結果は，身体的健康状態が悪化すれば，死の不安の中の具体的苦痛に関する不安も高くなることを示唆しており，この後の包括モデルの検討において大きな意味をもつ。

　また，デモグラフィック質問紙の中のペット飼育経験に関する項目で，飼育

Table 7-6-2 各種動物の飼育経験の有無，および飼育経験のある動物の種類数と，その他の変数の相関（女性）

	飼育経験の有無						種類数
	哺乳類	鳥類	爬虫類・両生類	魚類	節足類	その他	
GHQ							
身体的症状	-.008	.066	.017	-.005	-.060	.090	.012
不安と不眠	-.075	.102	.068	.048	-.035	.049	.042
社会的活動障害	.064	.125	.111	.010	.168*	-.039	.160
うつ傾向	-.020	.031	-.030	-.042	-.177*	-.044	-.097
HBQ							
変換睡眠時間	.030	-.098	-.046	.006	-.159	-.136	-.109
朝食摂取	-.060	.017	.060	.033	.086	.119	.066
間食摂取	-.104	-.028	.025	.088	-.038	.077	-.004
栄養バランス	-.082	.101	-.012	-.060	-.122	.043	-.067
適正体重の維持	-.005	-.067	-.106	-.041	-.001	-.009	-.078
定期的な運動	.048	-.017	.050	-.072	-.080	-.095	-.044
飲酒	.046	-.072	.155	-.007	.088	-.170*	.052
喫煙	.098	-.109	-.127	-.035	-.114	-.046	-.103
宗教観尺度							
向宗教性	.033	.188*	-.140	-.082	-.007	.074	-.005
霊魂観念	.045	.033	.001	-.008	.065	-.027	.044
加護観念	-.083	.106	-.074	.027	.076	.014	.018
宗教行動総得点	.017	.056	-.053	.063	-.062	-.006	.009
PDAQ-R							
死に関する無力感	.120	-.027	-.060	-.105	-.065	-.017	-.055
未完	-.073	.000	-.076	.054	-.081	.072	-.049
具体的苦痛	.142	.063	-.028	-.068	-.027	-.066	.015

*p<.05

経験のある動物の種類を尋ねている。そこで，各種の飼育経験の有無，および飼育経験のある種類数と，デモグラフィック項目を除いた19項目との相関を算出し，Table7-6-1，7-6-2に示したが，特筆すべき結果内容は得られなかった。

■ 包括モデルの検討

既に作成した，死の不安，宗教性，精神的健康，身体的健康の4変数をつ

なぐ包括モデルを実証的に検討するため，共分散構造分析を行い，各変数間のパス係数，ならびにパス図全体の適合度を算出した。その結果，パス係数はFigure7-1，パス図の適合度はTable7-7-1のとおりとなった。適合度に関しては，山本・小野寺（1999）による基準に従えば，いずれの適合度指標にも問題なく，妥当なモデルとして受容できることが示されている。有意なパスは，死の不安と宗教性の間の共変性（パラメータ推定値 .31, $p<.001$），死の不安から精神的不健康へのパス（パラメータ推定値 .16, $p<.05$），精神的不健康から身体的不健康へのパス（パラメータ推定値 .77, $p<.001$）であった（パラメータ推定値はいずれも標準化係数）。つまり，宗教性から精神的不健康へのパスは有意ではないということであり，先述の相関分析において宗教性と精神的健康が無相関であったことと一致する。

　そこで，宗教性から精神的不健康へのパスを削除し，修正後の包括モデルとして再度分析にかけた。その結果，パス係数はFigure7-2，パス図の適合度はTable7-7-2のとおりとなった。有意なパスは修正前と変わらず，死の不安と宗教性の間の共変性（パラメータ推定値 .31, $p<.001$），死の不安から精神的不健康へのパス（パラメータ推定値 .15, $p<.05$），精神的不健康から身体的不健康へのパス（パラメータ推定値 .77, $p<.001$）であった。そして適合度指標を修正前と比較すると，わずかではあるが，AGFIの値が上がり，AICの値が下がっていた。これらはいずれも，モデル全体としての優良水準が上がったことを示している。従って，本研究の結論として，修正後の包括モデルを採択することとなった。

　なお，相関分析の際，GHQの身体的症状とPDAQ-Rの具体的苦痛の間に正の相関が見られたことに着目したが，身体的症状は身体的健康の象徴変数，具体的苦痛は死の不安の象徴変数として考えることができる。そこでこの二者間に因果関係が認められるか否かを共分散構造分析によって検証した。その結果，身体的不健康から死の不安へ向かうパスは，パラメータ推定値が .20（$p<.01$）であり，適合度指標はGFIが .946，AGFIが .913，CFIが .932，RMSEAが .071，AICが131.250となった。このことから，身体的健康度が悪化すれば，死の不安が高まるという因果関係が実証されたと言える。

　以上をまとめると，死の不安の高さは宗教性の高さと互いに正に影響しあい

3. 結果　77

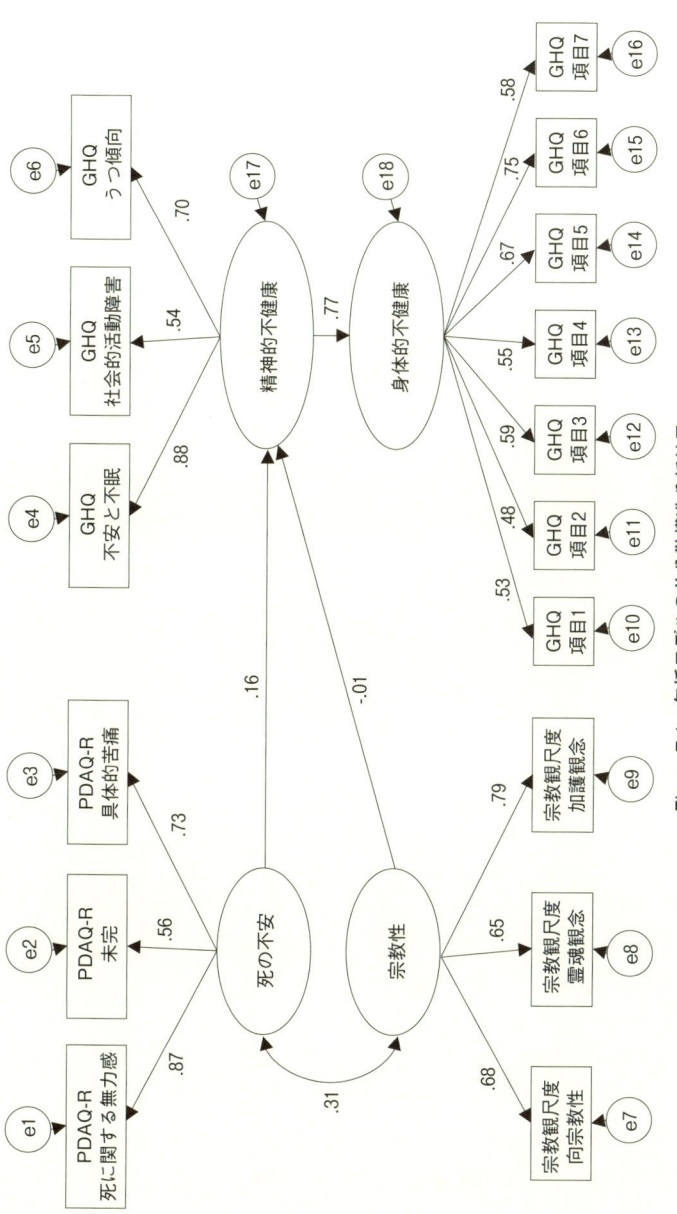

Figure 7-1　包括モデルの共分散構造分析結果

Table 7-7-1　包括モデルの共分散構造分析における適合度

GFI	AGFI	CFI	RMSEA	AIC
.895	.857	.879	.077	362.430

78　第7章　研究Ⅴ

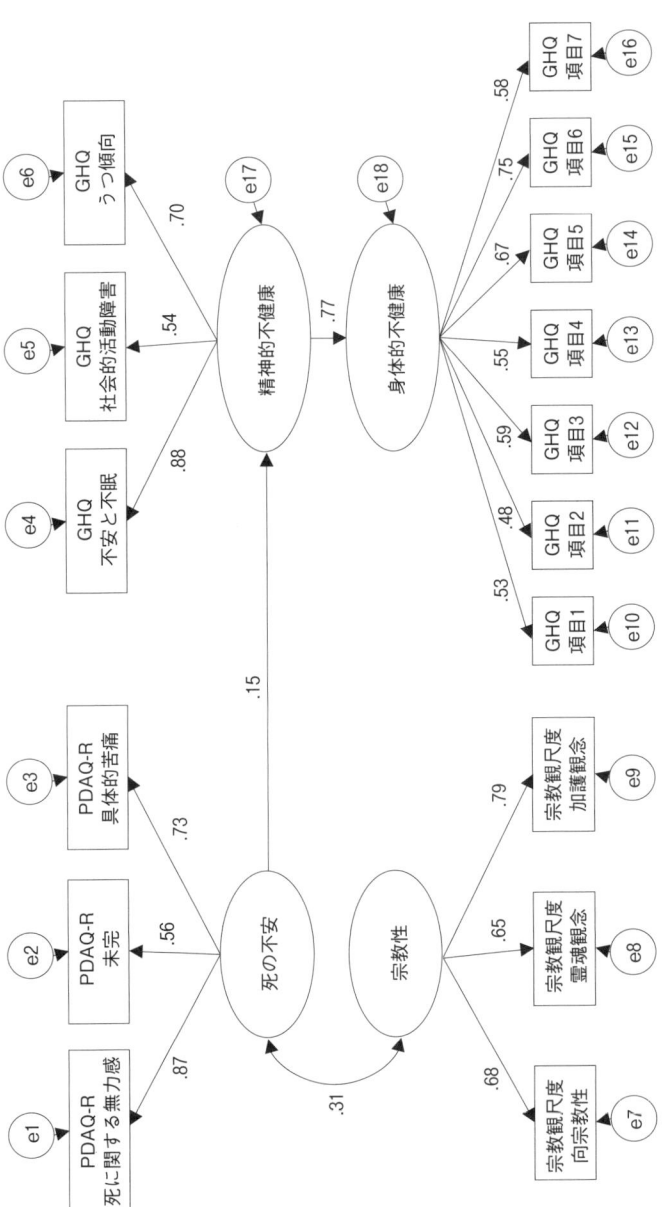

Figure 7-2　修正後の包括モデルの共分散構造分析結果

Table 7-7-2　修正後の包括モデルの共分散構造分析における適合度

GFI	AGFI	CFI	RMSEA	AIC
.895	.859	.879	.077	360.439

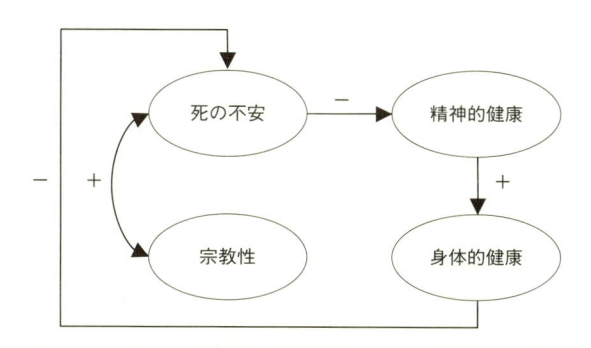

Figure 7-3 死の不安，宗教性，精神的健康，身体的健康の循環モデル

ながら，精神的不健康状態を正に予測し，精神的不健康状態は身体的不健康状態を正に予測し，そして身体的不健康状態は死の不安の高さを正に予測する，という循環モデル（Figure7-3）が出来上がる。（Figure7-3 中においては，"不健康"ではなく"健康"を変数名としているため，関連性の正負記号が上述とは逆転している箇所がある。）

4. 考　察

　まず，当初の目的であった仮説モデルの実証的検討については，修正後の包括モデルが採択された。また，それに留まらず，身体的健康から死の不安へ向かう因果関係も加わった，循環型包括モデルの可能性が最終的に示唆される結果となった。このことは本調査において非常に意義深い収穫である。

　昨今の青年教育においては，心身の健康問題と同様に，死に関する意識についても重大なテーマとなることが多くなっている。そこで，本研究で得られた知見が，デス・エデュケーションや健康教育のための基礎資料として活用できるよう，その方法論を今後の課題として考えていくことが望まれる。

第 4 部

第8章

総合考察

1. 本研究からの知見

死の不安尺度の開発，標準化，改訂

　青年期を対象とした場合，過去に開発されてきた尺度（Conte, Weiner, & Plutchik, 1982; 小杉・濱崎, 1994; 金児, 2001; McMordie, 1979; 杉山, 1997; Templer,1970; Thorson & Powell, 1994）には妥当性や文化的背景等の点で問題があり，日本における青年期の死の不安を測定するにはいずれも不適切であった。これをうけ本研究において，死の不安を明確に定義したうえで，文化的差異も考慮対象とし，信頼性および妥当性を備えた，青年期を対象に実施するに適切な死の不安尺度，Personal Death Anxiety Questionnaire（PDAQ）を開発し，標準化することを試みた（研究Ⅰ）。その結果，"死に関する無力感"，"未完"，"死ぬ瞬間の苦しみ・不安"の3因子構造を呈する尺度が完成された。信頼性についてはCronbachのα係数および再検査安定性により検討し，妥当性については因子的妥当性，構成概念妥当性，内容的妥当性の検討を行った。また，調査対象者を一貫して青年期に統制したことから，本尺度の実施対象者である青年期への特化も明確に行われ，文化的背景への配慮もなされた。

　しかしその後，本尺度を用いた実態調査において，下位尺度名や妥当性検討の方法論，項目数への配慮といった尺度上の問題が顕在化したため，改訂版を作成した（研究Ⅲ）。まず第3因子が改名され，"死に関する無力感"，"未完"，"具体的苦痛"の3因子構造となった。そして次に，被験者にとっての負担となり得る無関項目を削除し，尺度中の掲載項目を得点化項目のみとする体裁に整えた状態で，これをPersonal Death Anxiety Questionnaire-Revision（PDAQ-R）とし，再度，信頼性および因子概念構造の検討を行った。このこと

により，尺度の再現性や頑健性を示すこととなった。ただし，本研究で開発した PDAQ-R も，万全かつ寸分の欠落点もないものとはならず，構成概念の検討において，第2下位尺度の未完については，外的基準と関連する傾向があると言えるにとどまっている。従って，この部分の再検討が今後の課題として挙げられる。しかし，本研究実施以前の我が国には，青年期を対象に実施する適切な死の不安尺度が存在しなかったため，調査使用に耐えられ，かつ日本人青年に特化した構造をもつ死の不安尺度を開発できたことは，青年期の死の不安研究における一つの成果と考えられる。

■ 死の不安の機能の検証

　Health Locus of Control から健康行動および健康状態へ向かう因果関係において，死の不安が媒介変数としての機能を果たしている，という理論モデルを作成し，それらの変数の関連性を実証的に検討しようと試みた（研究Ⅱ）。その結果，仮説の支持されたものはごく一部にとどまり，理論モデル自体の改良，あるいはモデル中の変数の置換といった再検討課題が浮かび上がった。

　そこで理論モデルの改良を行い，死の不安，宗教性，精神的健康，身体的健康の4変数を包括モデルとして布置した。そしてこの包括モデルが，理論面のみならず統計的にも整合性を有するか否かを実証的に検討した（研究Ⅳ，研究Ⅴ）。その結果，本研究全体の一連の流れの中で，最終的には研究Ⅴにおける修正後の包括モデルが採択された。そこでは死の不安と宗教性の共変動，死の不安から精神的健康へ向かう予測パス，精神的健康から身体的健康へ向かう予測パス，身体的健康から死の不安へ再び向かう予測パスが有意となり，理論的仮説である包括モデルが実証されたうえ，パス図内全体で循環することも示唆された。これは，仮説立てから結果まで，本研究独自の知見である。

2. 本研究の寄与

■ 健康教育への寄与と今後の課題

　本研究で調査対象とした大学生においては，その生活体系が養育者の加護あるいは指示から離れる場合が多く，それに伴い生活習慣は良好に保たれる確率

2. 本研究の寄与

が低減する。実際に，大学生における健康習慣に関する実態調査では，健康的な習慣の実施状況は好ましくないという結果も得られており（池田・津田・尾坂・吉水・津田・矢島, 2000; 村松・村松・村松・金子・實成・武田・合田・片岡, 1999; 佐々木・板橋・富田, 1996）。更に，10～20歳代女性を中心とした摂食障害の増加（厚生労働省, 1997）や，若年層における喫煙率の上昇（厚生労働省, 2000）も問題となっている。また，現代では抑うつ，心身症，睡眠障害など，"心の不健康"と言われる症状を訴える人口が増加しており（厚生労働省, 1997），このような状況から考えても，青年期において健康教育を広範に実施することは非常に重要である。

このような問題に対処すべく行う健康教育では，"死"という概念を避けることはできず，死亡率を上昇させる習慣，心理的不適応を助長する要因，つまり死の不安の対処を行うことが，健康教育に重要であると考えられる。そこで，本研究で得られた循環的包括モデルの活用が期待される。一見すると，日本人青年には宗教的特性は見受けられないが，金児（1997）や柳川（1991）の述べるとおり，"意識されない宗教性"が存在することは研究Ⅳの結果からも確認することができる。従って，死の不安の対処を目的とした場合，一般的な青年においても，宗教性をコントロール材料として扱える可能性が考えられる。

しかし，死の不安が極端に低い場合，死を全く恐れない，あるいは死に関して全く考えない，ということから，不健康な習慣をとる可能性も否定できず，本研究の結果の一部からも読み取れる通り，死の不安はよりよく生きるために必要なものであるとも考えられる。従って，むやみに低減させるという方向ではなく，適正化するという方法論を考え，検討する必要がある。そして，Hayslip, Guarnaccia, Radika, & Servaty（2001-02）をはじめとして述べられている"死の不安は全ての人間に備わっており，QOLの向上を促すものである"ということについて，その真偽を更に追求していくことが重要である。

■ デス・エデュケーションへの寄与と今後の課題

青少年による犯罪や自殺の増加などの諸問題を含め，青年期において命を軽視する風潮が見られ，また，死が日常生活から乖離したことで，生について考えることの少なくなった現代において，デス・エデュケーションの必要性が唱

えられているが（デーケン，1986），このデス・エデュケーションについて，デーケン（1986）や柏木（1995）によれば，死について子どものうちから教育をせねばならないと言われている。特にデーケン（2000）は，若年層に対して，交通事故や自殺による死は避けられる死として教育を施すことの効果を提起しており，そしてまた，松田（1996）や丹下（1999）は，青年期において死を主題として扱うことは，その後の人生に対する基盤を形成することとなると主張している。このように，QOL の向上のため，生とは切り離せない死について教えるデス・エデュケーションは重要なものであると考えられる。

　そして，上述したデス・エデュケーションの目的の一つに"極端な死への恐怖を和らげ，無用の心理的負担を取り除く"というものがあるが（デーケン，1986），本研究の結果からも言えるように，極端の死の不安は心理的不適応と関連をもつため，対処すべき対象となる。しかし，死の不安のうちの未完という因子については，うつ傾向と負の有意相関が見られたことから，その不安の因子，つまり種類によって，よりよく生きるために必要なものであると言える可能性がある。しかし，本研究で得られたこの結果が，今後，広範に適用して良いものか否かは，更なる研究を行うことで確証を得ねばならない。

　このように，デス・エデュケーションの拡大を目指すうえで，死の不安に関する研究は今後，より重要なものとなると考えられる。そのため，本研究を更に深化させ，デス・エデュケーションに寄与できるものへと発展させることが望まれる。

文　献

Abdel-Khalek, A. M. (2002). Why do we fear death? The construction and validation of the reasons for death fear scale. *Death Studies*, **26**, 669-680.

安溪真一 (1991). 若者が体験する死のイメージ—朝の光の中の夜　こころの科学, **35**, 50-55.

Armitage, C. J., Norman, P., & Conner, M. (2002). Can the theory of planned behaviour mediate the effects of age, gender and multidimensional health locus of control? *British Journal of Health Psychology*, **7**, 299-316.

Bennett, P., Norman, P., Moore, L., Murphy, S., & Tudor-Smith, C. (1997). Health locus of control and value for health in smokers and nonsmokers. *Health Psychology*, **16**, 179-182.

Berman, A. L., & Hays, J. E. (1973). Relations between death anxiety, belief in afterlife, and locus of control. *Journal of Consulting and Clinical Psychology*, **41**, 318.

Breslow, L., & Breslow, N. (1993). Health practices and disability: Some evidence from Alameda county. *Preventive Medicine*, **22**, 86-95.

Breslow, L., & Enstrom, J. E. (1980). Persistence of health habits and their relationship to mortality. *Preventive Medicine*, **9**, 469-483.

Campbell, D. T., & Fiske, D. W. (1959). Convergent and discriminant validation by the multitrait-multimethod matrix. *Psychological Bulletin*, **56**, 81-105.

Clements, R. (1998). Intrinsic religious motivation and attitudes toward death among the elderly. *Current Psychology: Developmental, Learning, Personality, Social*, **17**, 237-248.

Conte, H. R., Weiner, M. B., & Plutchik, R. (1982). Measuring death anxiety: Conceptual, psychometric, and factor-analylytic aspects. *Journal of Personality and Social Psychology*, **43**, 775-785.

Cox, B. J., Borger, S. C., Asmundson, G. J. G., & Taylor, S. (2000). Dimensions of hypochondriasis and the five-factor model of personality. *Personality and Individual Differences*, **29**, 99-108.

Crisp, B. R., & Barber, J. G. (1995). The effect of locus of control on the association between risk perception and sexual risk-taking. *Personality and Individual Differences*, **19**, 841-845.

デーケン A. (1986). 死への準備教育の意義—生涯教育として捉える—　デーケン

A.・メヂカルフレンド社編集部（編）　死への準備教育 Death Education　第1巻　死を教える　メヂカルフレンド社　pp. 1-62.
デーケン A.（2000）.「死への準備教育」はいのちの教育　児童心理, **54**, 977-983.
Florian, V., & Kravetz, S. (1983). Fear of personal death: Attribution, structure, and relation to religious belief. *Journal of Personality and Social Psychology*, **44**, 600-607.
Frazier, P. H., & Foss-Goodman, D. (1988-89). Death anxiety and personality: Are they truly related? *Omega: Journal of Death and Dying*, **19**, 265-274.
Hayslip, B., Guarnaccia, C. A., Radika, L. M., & Servaty, H. L. (2001-02). Death anxiety: An empirical test of a blended self report and projective measurement model. *Omega: Journal of Death and Dying*, **44**, 277-294.
肥田野直・福原眞知子・岩脇三良・曽我祥子・Spielberger, C. D.（2000）. 新版STAI マニュアル　実務教育出版
堀毛裕子（1991）. 日本版Health Locus of Control 尺度の作成　健康心理学研究, **4**, 1-7.
Hyams, N. B., Domino, G., & Spencer, R. (1982). Differential aspects of locus of control and attitudes towards death. *Social Behavior and Personality*, **10**, 177-182.
池田京子・津田彰・尾坂良子・吉水浩・津田茂子・矢島潤平（2000）. アジアの大学生における健康行動　健康支援, **1**, 72.
James, A., & Wells, A. (2002). Death beliefs, superstitious beliefs and health anxiety. *British Journal of Clinical Psychology*, **41**, 43-53.
鎌原雅彦（1998）. 心理尺度の作成　鎌原雅彦・宮下一博・大野木裕明・中澤潤（編）心理学マニュアル　質問紙法　北大路書房　pp. 64-74.
金児曉嗣（1994）. 大学生とその両親の死の不安と死観　大阪市立大学文学部紀要, **46**, 537-564.
金児曉嗣（1997）. 日本人の宗教性　オカゲとタタリの社会心理学　新曜社
金児曉嗣（2001）. 死観尺度　堀洋道（監修）吉田富二雄（編）心理測定尺度集Ⅱ　サイエンス社　pp. 380-385.
柏木哲夫（1995）. 死を学ぶ　有斐閣
Kastenbaum, R. (1972). *The Psychology of death.* New York: Springer Publishing.
河合千恵子・下仲順子・中里克治（2001）. 死に対する態度尺度　堀洋道（監修）吉田富二雄（編）　心理測定尺度集Ⅱ　サイエンス社　pp. 386-389.
Kirscht, J. P. (1983). Preventive health behavior: A review of research and issues. *Health Psychology*, **2**, 277-301.
Knight, K. H., & Elfenbein, M. H. (1996). Relationship of death anxiety/fear to health seeking beliefs and behaviors. *Death Studies*, **20**, 23-31.
小林哲郎（1990）. 文章完成法の新しい応用（SCT-B）の試み　心理学研究, **61**, 347-350.
河野由美（1998）. 看護婦の死生観，宗教観と死の不安の計量的研究　日本看護学会論

文集　看護総合, **29**, 88-90.

河野由美（2001）．インド・日本の看護婦と看護学生のLocus of Controlと人間・世界観，死の不安に関する比較文化的研究　飯田女子短期大学紀要, **18**, 63-76.

小杉正太郎・濱崎敬子（1994）．死の不安の測定を目的とした日本語版質問紙試案の作成　日本心理学会第58回大会発表論文集, 210.

厚生労働省（1997）．平成9年度厚生白書

厚生労働省（2000）．平成12年度厚生白書

Krantz, D. S., Baum, A., & Wideman, M. V. (1980). Assessment of preferences for self-treatment and information in health care. *Journal of Personality and Social Psychology*, **39**, 977-990.

Kübler-Ross, E. (1969). *On Death and Dying*. New York: Macmillan.（キューブラー-ロス E. 鈴木晶（訳）（1998）．死ぬ瞬間　読売新聞社）

桑原裕子・笹竹英穂（2001）．Health Locus of Controlと精神的健康の関連について　日本健康心理学会第14回大会発表論文集, 298-299.

Lester, D. (1990). The Collett-Lester fear of death scale: The original version and a revision. *Death Studies*, **14**, 451-468.

Lester, D. (1994) The Collett-Lester fear of death scale. In R. A. Neimeyer (Ed.), *Death Anxiety Handbook: Research, Instrumentation, and Application*. Bristol, PA: Taylor & Francis. pp. 45-60.

Loewenthal, K. M., Cinnirella, M., Evdoka, G., & Murphy, P. (2001). Faith conquers all? Beliefs about the role of religious in coping with depression among different cultural-religious groups in the UK. *British Journal of Medical Psychology*, **74**, 293-303.

Maltby, J., & Day, L. (2000). The reliability and validity of the death obsession scale among English university and adult samples. *Personality and Individual Differences*, **28**, 695-700.

松田信樹（1996）．青年の死の不安を規定する要因についての検討—性差，死別経験，時間的展望の観点から—　人間科学研究／神戸大学発達科学部人間科学研究センター（編）, **4**, 57-65.

May, R. (1950). *The meaning of anxiety*. New York: Ronald Press.（メイ R. 小野泰博（訳）（1963）．不安の人間学　誠信書房）

McGinnis, J. M. (1991). Health objectives for the nation. *American Psychologist*, **46**, 520-524.

McMordie, W. R. (1979). Improving measurement of death anxiety. *Psychological Reports*, **44**, 975-980.

Miller, R. L., & Mulligan, R. D. (2002). Terror management: the effects of mortality salience and locus of control on risk-taking behaviors. *Personality and Individual*

Differences, **33**, 1203-1214.

村松常司・村松園江・村松成司・金子修己・實成文彦・武田則昭・合田恵子・片岡繁雄 (1999). 大学生の健康習慣に関する研究 教育医学, **44**, 537-548.

武藤孝司・斎藤知子・櫻井治彦・安達直 (1992). 一般成人用の健康統制観 (HLC) 尺度の作成とその信頼性および妥当性の検討 保健の科学, **34**, 458-463.

中川泰彬・大坊郁夫 (1985). 日本版GHQ 精神健康調査票手引 日本文化科学社

Neimeyer, R. A., & Moore, M. K. (1994). Validity and reliability of the multidimensional fear of death scale. In R. A. Neimeyer (Ed.), *Death Anxiety Handbook: Research, Instrumentation, and Application*. Bristol, PA: Taylor & Francis. pp. 103-119.

Neimeyer, R. A., Moore, M. K., & Bagley, K. J. (1988). A preliminary factor structure for the threat index. *Death Studies*, **12**, 217-225.

Neimeyer, R. A., & Van Brunt, D. (1995). Death anxiety. In H. Wass, & R. A. Neimeyer (Eds.), *Dying: Facing the facts*. Washington, DC: Taylor & Francis. pp. 49-88.

Norman, P. (1995). Health locus of control and health behaviour: An investigation into the role of health value and behaviour-specific efficacy beliefs. *Personality and Individual Differences*, **18**, 213-218.

Norman, P., Bennett, P., Smith, C., & Murphy, S. (1998). Health locus of control and health behaviour. *Journal of Health Psychology*, **3**, 171-180.

岡田努・永井撤 (1991). 文章完成法による青年期心性についての考察 新潟大学教育学部紀要 人文・社会科学編, **33**, 33-40.

大森純子・佐藤順子 (2000). 大学生のライフスタイルとHealth Locus of Controlとの関連性―ライフスタイルにおける健康教育の検討― *Campus health*, **37**, 599-603.

大嶋伸雄 (1999). 健常成人におけるMultidimensional health locus of control 尺度の信頼性および妥当性の検討 埼玉県立大学紀要, **1**, 9-14.

Pinder, M. M., & Hayslip, B. (1981). Cognitive, attitudinal, and affective aspects of death and dying in adulthood: Implications for care providers. *Educational Gerontology: An International Quarterly*, **6**, 107-123.

佐々木胤則・板橋あゆみ・富田勤 (1996). 大学生の健康行動と意識に関する研究 その1 ―食・運動習慣について― 北海道教育大学紀要, **46**, 93-106.

Schumaker, J. F., Warren, W. G., & Groth-Marnat, G. (1991). Death anxiety in Japan and Australia. *The Journal of Social Psychology*, **131**, 511-518.

Servaty, H. L., & Hayslip, B. (1996). Death education and communication apprehension regarding dying persons. *Omega: Journal of Death and Dying*, **34**, 133-142.

Spilka, B., Stout, L., Minton, B., & Sizemore, D. (1977). Death and personal faith: A psychometric investigation. *Journal for the Scientific Study of Religion*, **16**, 169-178.

Struthers, C. W., Chipperfield, J. G., & Perry, R. P. (1993). Perceived health barriers and health value in seniors: Implications for well-being and mortality. *Journal of Applied Social Psychology*, **23**, 1619-1637.

杉山あけみ (1997). 死の不安測定―DAQ の日本語版試作と検討― 中京大学文学部紀要, **32**, 129-138.

Swanson, J. L., & Byrd, K. R. (1998). Death anxiety in young adults as a function of religious orientation, guilt, and separation-individuation conflict. *Death Studies*, **22**, 257-268.

田邊惠子 (1995). Health Locus of Control 尺度の開発と研究の動向 川崎医療福祉学会誌, **5**, 33-41.

Tang, C. S., Wu, A. M. S., & Yan, E. C. W. (2002). Psychosocial correlates of death anxiety among Chinese college students. *Death Studies*, **26**, 491-499.

丹下智香子 (1999). 青年期における死に対する態度尺度の構成および妥当性・信頼性の検討 心理学研究, **70**, 327-332.

Taylor, S. E. (1991). *Health psychology*. New York: McGraw-Hill College.

Templer, D. I. (1969). Death anxiety scale. *Proceedings of the Annual Convention of the American Psychological Association*, **4**, 737-738.

Templer, D. I. (1970). The construction and validation of a death anxiety scale. *The Journal of General Psychology*, **82**, 165-177.

Thorson, J. A., & Powell, F. C. (1994). A revised death anxiety scale. In R. A. Neimeyer (Ed.), *Death Anxiety Handbook: Research, Instrumentation, and Application*. Bristol, PA: Taylor & Francis. pp.31-43.

Thorson, J. A., & Powell, F. C. (2000). Developmental aspects of death anxiety and religion. In J. A. Thorson (Ed.), *Perspectives on spiritual well-being and aging*. Springfield, IL: Charles. C. Thomas Publisher. pp.142-158.

Tix, A. P., & Frazier, P. A. (2005). Mediation and moderation of the relationship between intrinsic religiousness and mental health. *Personality and Social Psychology Bulletin*, **31**, 295-306.

Tolor, A., & Reznikoff, M. (1967). Relation between insight, repression- sensitization, internal-external control, and death anxiety. *Journal of Abnormal Psychology*, **72**, 426-430.

Tomer, A., & Eliason, G. (1996). Toward a comprehensive model of death anxiety. *Death Studies*, **20**, 343-365.

Wallston, B. S., Wallston, K. A., Kaplan, G. D., & Maides, S. A. (1976). Development and validation of the health locus of control (HLC) scale. *Journal of Consulting and Clinical Psychology,* **44**, 580-585.

渡辺正樹（1985a）．Health Locus of Control による保健行動予測の試み　東京大学教育学部紀要, **25**, 299-307.

渡辺正樹（1985b）．大学生における Health Locus of Control と喫煙に関する態度・行動との関連　学校保健研究, **27**, 179.

渡部雅之（1990）．WY-SCT 女性版の併存的妥当性の検討　滋賀大学教育学部紀要　人文科学・社会科学・教育科学, **40**, 87-95.

White, W., & Handal, P. J. (1990-91). The relationship between death anxiety and mental health/distress. *Omega: Journal of Death and Dying,* **22**, 13-24.

Wittkowski, J. (2001). The construction of the multidimensional orientation toward dying and death inventory (MODDI-F). *Death Studies,* **25**, 479-495.

Wong, P. T., Reker, G. T., & Gesser, G. (1994). Death attitude profile-revised: A multidimensional measure of attitudes toward death. In R. A. Neimeyer (Ed.), *Death Anxiety Handbook: Research, Instrumentation, and Application.* Bristol, PA: Taylor & Francis. pp.121-148.

山本嘉一郎・小野寺孝義（1999）．Amos による共分散構造分析と解析事例［第2版］ナカニシヤ出版

柳川啓一（1991）．現代日本人の宗教　法藏館

Zajonc, R. B. (1965). Social facilitation. *Science,* **149**, 269-274.

資料目次

資料 1 ［研究Ⅰ］予備調査 1 用　聞き取り資料・シート ……………… 94
資料 2 ［研究Ⅰ］Personal Death Anxiety Questionnaire (Ver.1) ………… 96
資料 3 ［研究Ⅰ］予備調査 2 用　聞き取りシート ……………………… 102
資料 4 ［研究Ⅰ］Personal Death Anxiety Questionnaire (Ver.2) ……… 103
資料 5 ［研究Ⅰ］Personal Death Anxiety Questionnaire (Ver.3) ……… 109
資料 6 ［研究Ⅰ］Completion Test of Death-related Sentence …………… 112
資料 7 ［研究Ⅱ］Health Locus of Control 尺度 …………………………… 115
資料 8 ［研究Ⅱ］Health Behavior Questionnaire ………………………… 118
資料 9 ［研究Ⅱ］日本版 General Health Questionnaire 28 ……………… 120
資料 10 ［研究Ⅲ］Personal Death Anxiety Questionnaire-Revision ……… 124
資料 11 ［研究Ⅲ］新版 State-Trait Anxiety Inventory-Form JYZ ………… 127
資料 12 ［研究Ⅳ］宗教観尺度 ………………………………………………… 130
資料 13 ［研究Ⅳ］日頃の宗教行動質問紙 …………………………………… 134
資料 14 ［研究Ⅴ］デモグラフィック質問紙 ………………………………… 136

資料1
［研究Ⅰ］予備調査1用　聞き取り資料・シート

> あなた自身や他の大学生について考えてください。
>
> **普段，自分の死について不安が高い人**は，
>
> 自分自身の死について考えたとき，
>
> どのような気持ちや言動がみられると思いますか？

例）

「自分が存在しなくなることを嫌がっている」

「苦しみながら死ぬことを考えて，怖がっている」

「死んだ後，どうなるか分からないことを心配している」

「やりたいことを残したまま死にたくないと，強く思っている」

資　料　95

日付：　　年　　月　　日　　　　　　　　　　　No.

氏名：

性別：男・女　　学年：　　回生　　年齢：　　歳

気持ち・言動	備考

資料2
[研究Ⅰ] Personal Death Anxiety Questionnaire（Ver.1）

　今から，あなたが普段，自分の死について，どのような印象をもっているかについてお尋ねします。

　次のページから54項目の質問が挙げられています。各項目に書かれている内容が，普段のあなたにどの程度あてはまるかをお答えください。「まったくあてはまらない」「あまりあてはまらない」「どちらともいえない」「だいたいあてはまる」「非常によくあてはまる」の5つの選択肢の中から，一番近いと思われるものに，1つだけ○印をつけてください。

　判断がつきにくい場合があるかもしれませんが，その場合は深く考えすぎず，思ったままお答えください。

回答例）

	まったくあてはまらない	あまりあてはまらない	どちらともいえない	だいたいあてはまる	非常によくあてはまる
音楽を聴くのが好きだ。				○	
（間違って回答した場合）		○	✗		

　この用紙に記入された内容は統計的に処理されます。また，研究以外の目的で使用されることも，個人のデータが外部にもれることも一切ありません。

　以下にご記入ください（性別は，男・女どちらかに○印をつけてください）。

学籍番号	性別	年齢
	男 ・ 女	歳

資　料　97

各項目に書かれている内容が，普段のあなたにどの程度あてはまるかをお答えください。

	まったくあてはまらない	あまりあてはまらない	どちらともいえない	だいたいあてはまる	非常によくあてはまる
1 夢を成し遂げられないうちに死ぬのは嫌だ。…………					
2 死ぬと，周りの皆から忘れられるので悲しい。…………					
3 死について考えると緊張する。…………					
4 死んで，自分がこの世から存在しなくなっても平気だ。…………					
5 病気で苦しみながら死ぬことが怖い。…………					
6 「死ぬ」ということが，どういうことか分からないので怖い。…………					
7 自分の死について考えて，時間が足りないと思うことがある。…………					
8 寝るとき，「このまま死んでしまうのではないか？」と思うことがある。…………					
9 棺おけに，自分がたった独りで入れられることを想像して，怖くなることがある。…………					
10 自分の人生に満足できずに死んでも，しかたがない。…………					
11 死について教えてくれる宗教は，必要なものだと思う。…………					
12 自分が死んで，周りの人に忘れられても構わない。…………					

	まったくあてはまらない	あまりあてはまらない	どちらともいえない	だいたいあてはまる	非常によくあてはまる
13 悔いを残すような死に方をするのは避けたい。					
14 周りの人が軽々しく「死」という言葉を使っていると，腹がたつ。					
15 死ぬと，何も考えることができなくなると思えて辛い。					
16 凍死するときの苦しみは，それほど大したことではないと思う。					
17 「死」というものについての具体的な情報があると，とても気になる。					
18 家族や友人に，「私が死んだら悲しいか」と尋ねることがある。					
19 したいことが山ほどあるので，今は絶対に死ぬわけにはいかない。					
20 死ぬと，まったく動けなくなるので悲しい。					
21 死ぬときに意識がもうろうとすることを想像して，怖くなることがある。					
22 死んだ後，自分がどうなるかは，どうでもよい。					
23 自分が死んでいなくなっても，残った人や物事がうまく進んでゆくかどうか心配だ。					
24 自分独りだけが死ぬのは嫌だ。					
25 交通事故で痛みを感じながら死ぬことが怖い。					

資 料 99

	まったくあてはまらない	あまりあてはまらない	どちらともいえない	だいたいあてはまる	非常によくあてはまる
26 死んで，自分の意識がなくなってしまっても構わない。					
27 死後の世界が本当にあるのかどうかが気がかりだ。					
28 死んで，幸せな生活がなくなるのが嫌だ。					
29 死んで，周りの人と離れるのが辛い。					
30 死んだら，自分の魂がどうなるのかが気になってしかたがない。					
31 死ぬと，何もできなくなるので悲しい。					
32 自分が死ぬときには，耐えられないほどの身体的な苦痛は感じないと思う。					
33 死後の世界で，自分がどのようなことを体験するのか心配になることがある。					
34 人生を思いきり楽しまずに死ぬのは悲しい。					
35 死ぬと，自分の感情がなくなってしまうと思えて辛い。					
36 溺れて死ぬときの苦しみを考えて，恐ろしくなることがある。					
37 いつ死んでも構わない。					
38 誰にも看取られず，独りで死ぬのは嫌だ。					

	まったくあてはまらない	あまりあてはまらない	どちらともいえない	だいたいあてはまる	非常によくあてはまる
39 死後の世界が楽しみだ。					
40 自分が死ぬことで，家族や友人に悲しみや苦痛を与えるのが辛い。					
41 死んで，自分の体がこの世から消えてなくなるのは嫌だ。					
42 楽に死ぬための方法を，たくさん知りたいと思う。					
43 死ぬと，独りきりになるので怖い。					
44 「自分の寿命が短かったらどうしよう」と心配になる。					
45 死んだら，自分がどこへ行くのか分からないので怖い。					
46 死ぬときにどのような痛みを感じるかを考えて，怖くなることがある。					
47 死ぬと，何も感じなくなると思えて辛い。					
48 自分の死を悲しんでくれる人がいなくても平気だ。					
49 願望が満たされないまま死ぬと，未練が残るので辛い。					
50 自分が死ぬ場面をよく想像する。					
51 自分が刃物などで殺されることを想像して，怖くなることがある。					

	非常によくあてはまる	だいたいあてはまる	どちらともいえない	あまりあてはまらない	まったくあてはまらない
52 いつ自分が死ぬか分からないので怖い。					
53 死んでしまうと，今までの努力がすべて水の泡となるので悔しい。					
54 火事で焼け死ぬ苦しみを考えて，恐ろしくなることがある。					

記入もれがないか，もう一度お確かめください。
ご協力ありがとうございました。

資料 3
［研究Ｉ］予備調査 2 用　聞き取りシート

日付：　　年　　月　　日　　　　　　　　　No.＿＿＿＿

氏名：＿＿＿＿＿＿＿＿＿＿

性別：男　・　女　　　学年：　　回生　　年齢：　　歳

項目番号	修正箇所	理由	修正案

資料4
［研究Ⅰ］Personal Death Anxiety Questionnaire（Ver.2）

　今から，あなたが普段，自分の死について，どのような印象をもっているかについてお尋ねします。

　次のページから54項目の質問が挙げられています。各項目に書かれている内容が，普段のあなたにどの程度あてはまるかをお答えください。「まったくあてはまらない」「あまりあてはまらない」「どちらともいえない」「だいたいあてはまる」「非常によくあてはまる」の5つの選択肢の中から，一番近いと思われるものに，1つだけ〇印をつけてください。

　判断がつきにくい場合があるかもしれませんが，その場合は深く考えすぎず，思ったままお答えください。

回答例）

	まったくあてはまらない	あまりあてはまらない	どちらともいえない	だいたいあてはまる	非常によくあてはまる
音楽を聴くのが好きだ。				〇	
（間違って回答した場合）		〇	✕		

　この用紙に記入された内容は統計的に処理されます。また，研究以外の目的で使用されることも，個人のデータが外部にもれることも一切ありません。

　以下にご記入ください（性別は，男・女どちらかに〇印をつけてください）。

学籍番号	性別	年齢
	男・女	歳

各項目に書かれている内容が，普段のあなたにどの程度あてはまるかをお答えください。

	まったくあてはまらない	あまりあてはまらない	どちらともいえない	だいたいあてはまる	非常によくあてはまる
1 夢を成し遂げられないうちに死ぬのは絶対に嫌だ。					
2 死ぬと，周りの皆から忘れられるので悲しい。					
3 死について考えると緊張する。					
4 死んで，自分がこの世から存在しなくなっても平気だ。					
5 病気で苦しみながら死ぬことが怖い。					
6 「死ぬ」ということが，どういうことか分からないので怖い。					
7 自分の死について考えて，時間が足りないと思うことがある。					
8 寝るとき，「このまま死んでしまうのではないか？」と思うことがある。					
9 死ぬと，自分がたった独りで棺おけに入れられるので怖い。					
10 自分の人生に満足できずに死んでも，しかたがない。					
11 死について教えてくれる宗教は，必要なものだと思う。					
12 自分の死を嘆き悲しんでくれる人がいなくても平気だ。					

資料　105

	非常によくあてはまる	だいたいあてはまる	どちらともいえない	あまりあてはまらない	まったくあてはまらない
13 悔いを残すような死に方をするのは，何が何でも避けたい。					
14 周りの人が軽々しく「死」という言葉を使っていると，腹がたつ。					
15 死ぬと，何も考えることができなくなると思えて辛い。					
16 凍死するときは，それほど苦しくないと思う。					
17 「死」というものについての具体的な情報があると，とても気になる。					
18 家族や友人に，「私が死んだら悲しいか」と尋ねたくなることがある。					
19 したいことが山ほどあるので，どんなことがあっても絶対に死ぬわけにはいかない。					
20 死ぬと，まったく動けなくなるので悲しい。					
21 死ぬときに意識がもうろうとすることを想像して，怖くなることがある。					
22 死んだ後，自分がどうなるかは，どうでもよい。					
23 自分が死んでいなくなっても，残った人や物事がうまく進んでゆくかどうか心配だ。					
24 自分独りだけが死ぬのは嫌だ。					
25 交通事故で痛みを感じながら死ぬことが怖い。					

	非常によくあてはまる	だいたいあてはまる	どちらともいえない	あまりあてはまらない	まったくあてはまらない
26 死んで，自分の意識がなくなってしまっても構わない。					
27 死後の世界が本当にあるのかどうかが気がかりだ。					
28 死んで，幸せな生活がなくなるのが嫌だ。					
29 死ぬと，独りきりになるので怖い。					
30 死んだら，自分の魂がどうなるのかが気になってしかたがない。					
31 死ぬと，何もできなくなるので悲しい。					
32 自分が死ぬときには，耐えられないほどの身体的な苦痛は感じないと思う。					
33 死後の世界で，自分がどのようなことを体験するのか心配になることがある。					
34 人生を思いきり楽しまずに死ぬのは，何よりも悲しい。					
35 死ぬと，自分の感情がなくなってしまうと思えて辛い。					
36 溺れて死ぬときの苦しみを考えて，恐ろしくなることがある。					
37 いつ死んでも，自分の人生に満足できると思う。					
38 誰にも看取られず独りで死ぬのは，耐えられないほど辛い。					

	非常によくあてはまる	だいたいあてはまる	どちらともいえない	あまりあてはまらない	まったくあてはまらない
39 「死後の世界は楽しそうだ」と思うことがある。					
40 自分が死ぬことで，家族や友人に悲しみや苦痛を与えるのがとても辛い。					
41 死んで，自分の体がこの世から消えてなくなるのは嫌だ。					
42 楽に死ぬための方法を，たくさん知りたいと思う。					
43 死んで，周りの人と離れるのが，何よりも辛い。					
44 「自分の寿命が短かったらどうしよう」と心配になる。					
45 死んだら，自分がどこへ行くのか分からないので怖い。					
46 死ぬときにどのような痛みを感じるかを考えて，怖くなることがある。					
47 死ぬと，何も感じなくなると思えて辛い。					
48 自分が死んで，周りの人に忘れられても構わない。					
49 願望が満たされないまま死ぬと，未練が残るので辛い。					
50 自分が死ぬ場面を想像することがある。					
51 自分が刃物などで殺されることを想像して，怖くなることがある。					

	非常によくあてはまる	だいたいあてはまる	どちらともいえない	あまりあてはまらない	まったくあてはまらない
52 いつ自分が死ぬか分からないので怖い。					
53 死んでしまうと，今までの努力がすべて水の泡となるので悔しい。					
54 火事で焼け死ぬ苦しみを考えて，恐ろしくなることがある。					

記入もれがないか，もう一度お確かめください。
ご協力ありがとうございました。

資料5
［研究Ⅰ］Personal Death Anxiety Questionnaire（Ver.3）

今から，あなたが普段，自分の死について，どのような印象をもっているかについてお尋ねします。

次のページから22項目の質問が挙げられています。各項目に書かれている内容が，普段のあなたにどの程度あてはまるかをお答えください。「まったくあてはまらない」「あまりあてはまらない」「どちらともいえない」「だいたいあてはまる」「非常によくあてはまる」の5つの選択肢の中から，一番近いと思われるものに，1つだけ○印をつけてください。

判断がつきにくい場合があるかもしれませんが，その場合は深く考えすぎず，思ったままお答えください。

回答例）

	まったくあてはまらない	あまりあてはまらない	どちらともいえない	だいたいあてはまる	非常によくあてはまる
音楽を聴くのが好きだ。				○	
（間違って回答した場合）		○	✗		

この用紙に記入された内容は統計的に処理されます。また，研究以外の目的で使用されることも，個人のデータが外部にもれることも一切ありません。

以下にご記入ください（性別は，男・女どちらかに○印をつけてください）。

学籍番号	性別	年齢
	男・女	歳

各項目に書かれている内容が，普段のあなたにどの程度あてはまるかをお答えください。

	まったくあてはまらない	あまりあてはまらない	どちらともいえない	だいたいあてはまる	非常によくあてはまる
1 死ぬと，何も感じなくなると思えて辛い。					
2 夢を成し遂げられないうちに死ぬのは絶対に嫌だ。					
3「死」というものについての具体的な情報があると，とても気になる。					
4 したいことが山ほどあるので，どんなことがあっても絶対に死ぬわけにはいかない。					
5「死ぬ」ということが，どういうことか分からないので怖い。					
6 家族や友人に，「私が死んだら悲しいか」と尋ねたくなることがある。					
7 死んで，幸せな生活がなくなるのが嫌だ。					
8 溺れて死ぬときの苦しみを考えて，恐ろしくなることがある。					
9 死ぬと，何も考えることができなくなると思えて辛い。					
10 楽に死ぬための方法を，たくさん知りたいと思う。					
11 人生を思いきり楽しまずに死ぬのは，何よりも悲しい。					
12 死ぬときにどのような痛みを感じるかを考えて，怖くなることがある。					

資料　111

	まったくあてはまらない	あまりあてはまらない	どちらともいえない	だいたいあてはまる	非常によくあてはまる
13 死んで，自分の意識がなくなってしまっても構わない。					
14 自分が死ぬことで，家族や友人に悲しみや苦痛を与えるのがとても辛い。					
15 自分が死ぬ場面を想像することがある。					
16 死ぬと，独りきりになるので怖い。					
17 自分が刃物などで殺されることを想像して，怖くなることがある。					
18 死んで，周りの人と離れるのが，何よりも辛い。					
19 死んだら，自分がどこへ行くのか分からないので怖い。					
20 火事で焼け死ぬ苦しみを考えて，恐ろしくなることがある。					
21 願望が満たされないまま死ぬと，未練が残るので辛い。					
22 死について考えると緊張する。					

　　　記入もれがないか，もう一度お確かめください。
　　　ご協力ありがとうございました。

資料6
［研究Ⅰ］ Completion Test of Death-related Sentence

次のページから，書きかけの文章が9つ出てきます。

あなたが感じていることや考えていることを，それに続けて書き，それぞれの文章を完成させてください。

例）

大学で勉強をするのは　　大変なときもあるが、新しいことを学べるので楽しい。

友達と遊ぶときは　　待ち合わせの時間に遅れないよう気をつけている。これはとても大事なことだ。

このように，あなたが感じていることや考えていることを，思うままに1から順に書いてください。

以下の書きかけの文章に続けて，あなたが感じていることや考えていることを書き，それぞれの文章を完成させてください。

1 私は死ぬことによって ＿＿＿＿＿＿＿＿＿＿＿＿＿＿＿＿＿＿＿

＿＿＿＿＿＿＿＿＿＿＿＿＿＿＿＿＿＿＿＿＿＿＿＿＿＿＿＿＿＿

2 いずれ私にも死が訪れると考えたら ＿＿＿＿＿＿＿＿＿＿＿

＿＿＿＿＿＿＿＿＿＿＿＿＿＿＿＿＿＿＿＿＿＿＿＿＿＿＿＿＿＿

3 重い病気で死ぬとしたら ＿＿＿＿＿＿＿＿＿＿＿＿＿＿＿＿

＿＿＿＿＿＿＿＿＿＿＿＿＿＿＿＿＿＿＿＿＿＿＿＿＿＿＿＿＿＿

4 私にとって死の嫌な点は ＿＿＿＿＿＿＿＿＿＿＿＿＿＿＿＿

＿＿＿＿＿＿＿＿＿＿＿＿＿＿＿＿＿＿＿＿＿＿＿＿＿＿＿＿＿＿

5 私は死ぬまでに ＿＿＿＿＿＿＿＿＿＿＿＿＿＿＿＿＿＿＿＿

＿＿＿＿＿＿＿＿＿＿＿＿＿＿＿＿＿＿＿＿＿＿＿＿＿＿＿＿＿＿

6 交通事故で死ぬことは _____

_____

7 私が死んだら _____

_____

8 私が死んだ後 _____

_____

9 私が死ぬときは _____

_____

資料 7
［研究 II］Health Locus of Control 尺度

　次のページからのそれぞれの文について，「そう思わない」〜「そう思う」の中から，あなたの意見にもっとも近い回答を1つ選んで，○をつけてください。

　回答は迷わず，感じたままに答えてください。

回答例）

	そう思わない	ややそう思わない	ややそう思う	そう思う
あなたは，自然は大切だと思いますか。			○	
（間違って回答した場合）	○	✗		

それぞれの文について，「そう思わない」～「そう思う」の中から，あなたの意見にもっとも近い回答を1つ選んで，○をつけてください。

	そう思わない	ややそう思わない	ややそう思う	そう思う
1 あなたは病気になった場合，その原因を自分がとった行動にあると思いますか。				
2 あなたが病気になる時は，努力しても避けられないと思いますか。				
3 あなたが病気になる時，それは自分のおかれている環境のせいだと思いますか。				
4 あなたは，適切な行動をとっていれば健康に暮らせると思いますか。				
5 あなたは，今運動をしたり食事を節制することが将来の健康に役立つと思いますか。				
6 あなたが健康でいることと，あなたが健康のために努力することはあまり関係がないと思いますか。				
7 あなたは，突然病気になると思いますか。				
8 あなたは，自分の努力によって健康を維持できると思いますか。				
9 あなたの健康は，あなたのとる行動によって左右されると思いますか。				
10 あなたは，病気になるのは仕方のないことだと思いますか。				
11 あなたは，どんなに努力しても病気の原因を取り除くことはできないと思いますか。				
12 あなたが健康のためにとる行動は，実際に効果があると思いますか。				

	そう思わない	ややそう思わない	ややそう思う	そう思う
13 あなたは，運が悪いから病気になると思いますか。				
14 あなたは，一生健康に暮らせると思いますか。				

資料 8
[研究Ⅱ] Health Behavior Questionnaire

　次のページに 8 項目の質問が挙げられています。
　各項目を読み，普段のあなたの生活についてお答えください。
　1 番は（　　　）の中に数字を記入し，2 ～ 8 番は 4 つの選択肢の中から 1 つだけチェックをしてください。
　考えすぎず，思ったまま正直にお答えください。

　回答例）

　あなたは手紙を書きますか。
　□ 書かない　✓ あまり書かない　□ ときどき書く　□ よく書く

<u>普段のあなたの生活についてお答えください。</u>

1 あなたは一日平均どのくらい睡眠をとりますか。
　（　　　）時間（　　　）分くらい

2 あなたは朝食をとりますか。
　□ とらない　□ あまりとらない　□ ときどきとる　□ 毎日とる

3 あなたは間食をとりますか。
　□ とらない　□ あまりとらない　□ ときどきとる　□ よくとる

4 あなたは栄養のバランスに気をつけて食事をしていますか。
　□ していない　□ あまりしていない　□ どちらかといえばしている
　□ している

5 あなたは適正体重を維持するよう努力していますか。
　□ していない　□ あまりしていない　□ どちらかといえばしている
　□ している

6 今，あなたは体育の授業以外で，運動をどれくらいしていますか。
　□ ほとんどしていない　□ 1週間に1～2日している
　□ 1週間に3～4日している　□ ほとんど毎日している

7 あなたはお酒を飲みますか。
　□ 飲まない　□ 毎週ではないが，飲む　□ 毎週少なくとも1度は飲む
　□ ほとんど毎日飲む

8 あなたはタバコを吸いますか。
　□ 吸わない　□ 少し吸うが，毎週ではない　□ 毎週少なくとも1本は吸う
　□ 毎日少なくとも1本は吸う

資料 9
[研究 II] 日本版 General Health Questionnaire 28

この用紙は，あなたのここ数週間の健康状態についておたずねするものです。

それぞれの質問を読み，最も適当と思われる答えにチェックをしてください。

全部の質問にもれなく答えてください。

回答例）

本を読むことが
□まったくなかった　□あまりなかった　☑あった　□たびたびあった

資　　料　　121

＜最近の状態について＞

1 気分や健康状態は
　　□ よかった　　□ いつもと変わらなかった　　□ 悪かった　　□ 非常に悪かった
2 疲労回復剤（ドリンク・ビタミン剤）を飲みたいと思ったことは
　　□ まったくなかった　　□ あまりなかった　　□ あった　　□ たびたびあった
3 元気なく疲れを感じたことは
　　□ まったくなかった　　□ あまりなかった　　□ あった　　□ たびたびあった
4 病気だと感じたことは
　　□ まったくなかった　　□ あまりなかった　　□ あった　　□ たびたびあった
5 頭痛がしたことは
　　□ まったくなかった　　□ あまりなかった　　□ あった　　□ たびたびあった

6 頭が重いように感じたことは
　　□ まったくなかった　　□ あまりなかった　　□ あった　　□ たびたびあった
7 からだがほてったり寒気がしたことは
　　□ まったくなかった　　□ あまりなかった　　□ あった　　□ たびたびあった
8 心配ごとがあって，よく眠れないようなことは
　　□ まったくなかった　　□ あまりなかった　　□ あった　　□ たびたびあった
9 夜中に目を覚ますことは
　　□ まったくなかった　　□ あまりなかった　　□ あった　　□ たびたびあった
10 いつもより忙しく活動的な生活を送ることが
　　□ たびたびあった　　□ いつもと変わらなかった　　□ なかった
　　□ まったくなかった

11 いつもより何かするのに余計に時間がかかることが
　　□ まったくなかった　　□ いつもと変わらなかった　　□ あった
　　□ たびたびあった
12 いつもよりすべてがうまくいっていると感じることが
　　□ たびたびあった　　□ いつもと変わらなかった　　□ なかった

☐ まったくなかった

13 毎日している仕事は

☐ 非常にうまくいった　☐ いつもと変わらなかった

☐ うまくいかなかった　☐ まったくうまくいかなかった

14 いつもより自分のしていることに生きがいを感じることが

☐ あった　☐ いつもと変わらなかった　☐ なかった　☐ まったくなかった

15 いつもより容易に物ごとを決めることが

☐ できた　☐ いつもと変わらなかった　☐ できなかった

☐ まったくできなかった

16 いつもストレスを感じたことが

☐ まったくなかった　☐ あまりなかった　☐ あった　☐ たびたびあった

17 いつもより日常生活を楽しく送ることが

☐ できた　☐ いつもと変わらなかった　☐ できなかった

☐ まったくできなかった

18 いらいらして，おこりっぽくなることは

☐ まったくなかった　☐ あまりなかった　☐ あった　☐ たびたびあった

19 たいした理由がないのに，何かがこわくなったりとりみだすことは

☐ まったくなかった　☐ あまりなかった　☐ あった　☐ たびたびあった

20 いつもよりいろいろなことを重荷と感じたことは

☐ まったくなかった　☐ いつもと変わらなかった　☐ あった

☐ たびたびあった

21 自分は役に立たない人間だと考えたことは

☐ まったくなかった　☐ あまりなかった　☐ あった　☐ たびたびあった

22 人生にまったく望みを失ったと感じたことは

☐ まったくなかった　☐ あまりなかった　☐ あった　☐ たびたびあった

23 不安を感じ緊張したことは

☐ まったくなかった　☐ あまりなかった　☐ あった　☐ たびたびあった

24 生きていることに意味がないと感じたことは

□まったくなかった　□あまりなかった　□あった　□たびたびあった
25 この世から消えてしまいたいと考えたことは
　　□まったくなかった　□なかった　□一瞬あった　□たびたびあった

26 ノイローゼ気味で何もすることができないと考えたことは
　　□まったくなかった　□あまりなかった　□あった　□たびたびあった
27 死んだ方がましだと考えたことは
　　□まったくなかった　□あまりなかった　□あった　□たびたびあった
28 自殺しようと考えたことが
　　□まったくなかった　□なかった　□一瞬あった　□たびたびあった

資料 10
[研究Ⅲ] Personal Death Anxiety Questionnaire-Revision

　今から，あなたが普段，自分の死について，どのような印象をもっているかについてお尋ねします。

　次のページから 15 項目の質問が挙げられています。各項目に書かれている内容が，普段のあなたにどの程度あてはまるかをお答えください。「まったくあてはまらない」「あまりあてはまらない」「どちらともいえない」「だいたいあてはまる」「非常によくあてはまる」の 5 つの選択肢の中から，一番近いと思われるものに，1 つだけ○印をつけてください。

　判断がつきにくい場合があるかもしれませんが，その場合は深く考えすぎず，思ったままお答えください。

回答例）

	まったくあてはまらない	あまりあてはまらない	どちらともいえない	だいたいあてはまる	非常によくあてはまる
音楽を聴くのが好きだ。				○	
（間違って回答した場合）	○	⊗			

　この用紙に記入された内容は統計的に処理されます。また，研究以外の目的で使用されることも，個人のデータが外部にもれることも一切ありません。

　以下にご記入ください（性別は，男・女どちらかに○印をつけてください）。

性別	年齢
男・女	歳

各項目に書かれている内容が，普段のあなたにどの程度あてはまるかをお答えください。

	まったくあてはまらない	あまりあてはまらない	どちらともいえない	だいたいあてはまる	非常によくあてはまる
1 死ぬと，何も感じなくなると思えて辛い。	□	□	□	□	□
2 夢を成し遂げられないうちに死ぬのは絶対に嫌だ。	□	□	□	□	□
3 溺れて死ぬときの苦しみを考えて，恐ろしくなることがある。	□	□	□	□	□
4 「死ぬ」ということが，どういうことか分からないので怖い。	□	□	□	□	□
5 したいことが山ほどあるので，どんなことがあっても絶対に死ぬわけにはいかない。	□	□	□	□	□
6 死ぬと，何も考えることができなくなると思えて辛い。	□	□	□	□	□
7 楽に死ぬための方法を，たくさん知りたいと思う。	□	□	□	□	□
8 人生を思いきり楽しまずに死ぬのは，何よりも悲しい。	□	□	□	□	□
9 死ぬときにどのような痛みを感じるかを考えて，怖くなることがある。	□	□	□	□	□
10 死ぬと，独りきりになるので怖い。	□	□	□	□	□
11 自分が刃物などで殺されることを想像して，怖くなることがある。	□	□	□	□	□
12 死んだら，自分がどこへ行くのか分からないので怖い。	□	□	□	□	□

	非常によくあてはまる	だいたいあてはまる	どちらともいえない	あまりあてはまらない	まったくあてはまらない
13 火事で焼け死ぬ苦しみを考えて，恐ろしくなることがある。					
14 願望が満たされないまま死ぬと，未練が残るので辛い。					
15 死について考えると緊張する。					

記入もれがないか，もう一度お確かめください。
ご協力ありがとうございました。

資料 11
［研究Ⅲ］新版 State-Trait Anxiety Inventory-Form JYZ

　次のページからの 1 から 20 までの文章を読んで，あなたがふだん，どう感じているか，最もよくあてはまる箇所を各項目の右の欄から選んで，○印をつけてください。

　あまり考えこまないで，あなたがふだん，感じている気持ちを一番よく表しているものを選んでください。

回答例）

	ほとんどない	ときどきある	たびたびある	ほとんどいつも
買い物に出かける			○	
（間違って回答した場合）	○	⊗		

次の文章を読んで，あなたがふだん，どう感じているか，最もあてはまる箇所に○印をつけてください。

	ほとんどない	ときどきある	たびたびある	ほとんどいつも
1 楽しい気分になる				
2 神経質で落ちつかない				
3 自分に満足している				
4 とりのこされたように感じる				
5 気が休まっている				
6 冷静で落ちついている				
7 困ったことが次々におこり克服できないと感じる				
8 本当はそう大(たい)したことでもないのに心配しすぎる				
9 しあわせだと感じる				
10 いろいろ頭にうかんできて仕事や勉強が手につかない				
11 自信がない				
12 安心感がある				

	ほとんどない	ときどきある	たびたびある	ほとんどいつも
13 すぐにものごとをきめることができる				
14 力不足を感じる				
15 心が満ち足りている				
16 つまらないことが頭にうかび悩まされる				
17 ひどく失望するとそれが頭から離れない				
18 落ちついた人間だ				
19 気になることを考え出すと緊張したり混乱したりする				
20 うれしい気分になる				

資料 12
［研究Ⅳ］宗教観尺度

　次のページから 28 項目の質問が挙げられています。各項目に書かれている内容が，あなたの考えにどの程度あてはまるかをお答えください。「まったく反対」「どちらかといえば反対」「どちらかといえば賛成」「まったく賛成」の 4 つの選択肢の中から，一番近いと思われるものに，1 つだけ○印をつけてください。

　考えすぎず，思ったままお答えください。

回答例）

	まったく反対	どちらかといえば反対	どちらかといえば賛成	まったく賛成
天気が良いと，気持ちも明るくなる。			○	
（間違って回答した場合）	○	⊗		

各項目に書かれている内容が，あなたの考えにどの程度あてはまるかをお答えください。

	まったく反対	どちらかといえば反対	どちらかといえば賛成	まったく賛成
1 信仰をもつことによって，人生の目標が与えられる。				
2 信仰に裏打ちされた生き方こそ，人の真の生き方である。				
3 宗教は，社会の道徳を確立し，維持していくのに必要である。				
4 地獄・極楽というのは迷信である。				
5 宗教心のない人は，心の貧しい人である。				
6 針供養などの昔からの宗教的行事は，無意味な風俗である。				
7 氏神の祭りは，地域の結びつきを高めるのに必要である。				
8 信仰をもっていれば，死に直面しても安らぎの気持を持つことができる。				
9 観音さんやお不動さんに親しみを感じる。				
10 祖先崇拝は美しい風習である。				
11 死後の世界はあるように思える。				
12 死者の供養をしないとたたりがあると思う。				

	まったく反対	どちらかといえば反対	どちらかといえば賛成	まったく賛成
13 宗教を信じても何の利益もない。	□	□	□	□
14 神社の境内にいると心が落ちつくことがある。	□	□	□	□
15 昔からのしきたりや年中行事には抵抗を感じる。	□	□	□	□
16 宗教を信じていなくても，幸福な生活を送ることができる。	□	□	□	□
17 冠婚葬祭を円滑に行うために宗教は必要である。	□	□	□	□
18 宗教が人生の意味を明らかにしてくれることはない。	□	□	□	□
19 宗教によって，自己の存在の意味が教えられる。	□	□	□	□
20 宗教は心身のよい修養になる。	□	□	□	□
21 仏様や神様を信心して願いごとをすれば，いつかその願いごとがかなえられる。	□	□	□	□
22 水子供養はするべきである。	□	□	□	□
23 人は死んでも，繰り返し生まれ変わるものだ。	□	□	□	□
24 お盆などの昔からの宗教的行事には親しみを感じる。	□	□	□	□
25 よい生活を送るためには，何らかの宗教的信仰が必要である。	□	□	□	□

	まったく反対	どちらかといえば反対	どちらかといえば賛成	まったく賛成
26 神や仏をそまつにするとばちがあたる。				
27 どんなに科学が進んでも，人間は信仰がなければ幸せになれない。				
28 お寺，神社，教会などから安心感を得ることができる。				

資料 13
［研究Ⅳ］日頃の宗教行動質問紙

次のページに 15 項目の質問が挙げられています。

項目の内容が，あなたにあてはまる場合は「はい」を，あてはまらない場合は「いいえ」を選択し，チェックをしてください。

考えすぎず，思ったまま正直にお答えください。

回答例）

現在，独り暮らしをしている。　　　　　　☑はい　　□いいえ

資　料

項目の内容が，あなたにあてはまる場合は「はい」を，あてはまらない場合は「いいえ」を選択し，チェックをしてください．

1　墓参りをしている。　　　　　　　　　　　　　　　　□はい　　□いいえ

2　この1～2年の間に，おみくじを引いたり，易や占いをしてもらったことがある。　　　　　　　　　　　　　　□はい　　□いいえ

3　祖先や亡くなった肉親の霊をまつる。　　　　　　　　□はい　　□いいえ

4　仏壇にお花やお仏飯をそなえる。　　　　　　　　　　□はい　　□いいえ

5　神棚にお花や水をそなえる。　　　　　　　　　　　　□はい　　□いいえ

6　決まった日に神社やお地蔵さんなどにお参りに行く。　□はい　　□いいえ

7　折りにふれ，おつとめをしている。　　　　　　　　　□はい　　□いいえ

8　聖典や教典など，宗教関係の本を折りにふれ読む。　　□はい　　□いいえ

9　宗教に関する新聞やパンフレットを読む。　　　　　　□はい　　□いいえ

10　信仰グループに参加している。　　　　　　　　　　　□はい　　□いいえ

11　奉仕グループに参加している。　　　　　　　　　　　□はい　　□いいえ

12　この1～2年の間に身の安全や商売繁盛，安産，入試合格などを祈願しにいったことがある。　　　　　　　□はい　　□いいえ

13　お守りやお札など縁起ものを自分の身のまわりにおいている。　　　　　　　　　　　　　　　　　　　　　□はい　　□いいえ

14　ふだんから礼拝，おつとめ，布教など宗教的な行いをしている。　　　　　　　　　　　　　　　　　　　　□はい　　□いいえ

15　初詣でに行く。　　　　　　　　　　　　　　　　　　□はい　　□いいえ

資料 14
［研究Ⅴ］デモグラフィック質問紙

もし差し支えがなければ，以下の質問にご回答下さい。

●あなたは今までに，ペットを飼ったことがありますか？
　※「はい」と答えた場合は，いずれの種類かをお教え下さい。（複数回答可）

　　　☐ はい　　　　　　　　☐ いいえ
　　　　☐ 哺乳類
　　　　☐ 鳥類
　　　　☐ 爬虫類・両生類
　　　　☐ 魚類
　　　　☐ 節足類（昆虫など）
　　　　☐ その他

●あなたは今までに，身近で誰かを亡くしたことがありますか？
　（例：親戚，家族，友人，先生，など）

　　　☐ はい　　　　　　　　☐ いいえ

●あなたは普段，死について，どれくらいの頻度で考えますか？

　　　☐ ほとんど考えない
　　　☐ たまに考える
　　　☐ しばしば考える
　　　☐ 頻繁に考える

謝　辞

　本書のための研究を行うにあたり，多くの方々に多大なるお力添えを賜りました。

　まず何をおいても，指導教官である大日方重利先生にはあらゆる面においてお世話になりました。公私にわたりご鞭撻やお心配りを頂戴しましたが，中でも特に，研究の方向づけや理論的枠組みの固め方，そして学際的領域における本研究の位置づけといった俯瞰的な見地からのご指導は，この度の研究のみならず，今後の研究展望のためにも不可欠で貴重な糧となりました。また，神戸学院大学大学院 人間文化学研究科 人間行動論専攻（人文学部 人間心理学科）の吉野絹子先生をはじめ諸先生，そして人間文化学研究科 地域文化論専攻（人文学部 人文学科）の植村卍先生からも貴重なご指導やご助言，温かいご支援を多大に賜りました。ここに深謝いたします。

　さらに，本書中の各研究の実施に際して，

　研究Ⅰでは，鳴門教育大学の淺野弘嗣先生，藤枝博先生，兼松儀郎先生，川上綾子先生，奈良英数の塾長をはじめ諸先生，帝塚山大学の蓮花一己先生，宮川治樹先生，大阪樟蔭女子大学の田原広史先生，甲子園大学の青柳寛之先生，原田章先生，岡山大学の竹宮宏和先生，下関市立大学の坂本紘二先生，そして各大学の学生の皆様に，

　研究Ⅱでは，関西福祉科学大学の鎌田次郎先生，辰本頼弘先生，関西学院大学の横山利弘先生，美作大学の渡邊義雄先生，そして各大学の学生の皆様に，

　研究Ⅲでは，大阪教育福祉専門学校および神戸学院大学の学生の皆様に，

　研究Ⅳでは，神戸学院大学の学生の皆様に，

　研究Ⅴでは，佛教大学および神戸学院大学の学生の皆様に，

　それぞれご協力を賜わりました。皆様のお力添えにより研究の遂行，論文の執筆を行うことができました。心より御礼申し上げます。

　また，学会や研究会等，学外での活動においても多くの方々にご助言や叱咤激励を頂戴しました。まず，宗教心理学研究会は論文研究を行ううえで必要な

様々な経験を与えてくれた，何にも代え難い，感謝のしきれない存在です。当研究会の代表として，会長の金児曉嗣先生（大阪市立大学），事務局の松島公望先生（東京大学），西脇良先生（南山大学）に御礼を述べたいと思います。そしてEmotion Research Club（ERC）からも同様の恩恵を賜わりました。ERCの代表である山崎勝之先生（鳴門教育大学）には修士課程の時分より現在までずっとお世話になり続け，研究への真摯な姿勢や精緻な方法論などの基盤は全て，山崎先生より授けて頂いたと言っても過言ではないほどです。まことに有り難うございました。

　こうして皆々様より受けましたご恩が今後に活かせるよう，精進を重ねてまいりたいと思います。

　最後に，私をこの研究に向かわせるきっかけを与えてくれた父，私の体調を常に気づかい，必要とあらば飛んで助けに来てくれた母，家事をおろそかにすることもしばしばの私に対し，温かく見守り，全力で惜しみないサポートをくれた夫，そして私のお腹の中でも外でも共に頑張ってくれた息子に感謝します。有り難う。

（上記の各先生のご所属先は研究調査当時のもの）

2012年3月1日
松田　茶茶

事項索引

あ
安定性　20, 23, 55
因子構造　19, 20, 52
因子的妥当性　19, 20, 23

か
改訂版 死の不安尺度　52
外的統制者　9
具体的苦痛　50
健康価値　10
健康教育　84
健康行動　8, 9, 11, 30, 31, 44, 45, 68
健康状態　11, 32, 44, 45, 62, 67
構成概念妥当性　25
Completion Test of Death-related Sentence (CTDS)　26, 27

さ
死観　5
死に関する無力感　20
死にゆくことの恐怖　6
死ぬ瞬間の苦しみ・不安　20
死の恐怖　6
死の顕在性　11
死の準備教育　3
死の態度　5
死の不安　5, 6, 8, 10, 12, 30, 32, 44, 45, 49, 50, 60, 67, 84
死の不安尺度　17, 49, 83
宗教観尺度　61, 67
宗教性　50, 60, 67
宗教的心理変数　50
循環モデル　79
新版 State-Trait Anxiety Inventory-Form JYZ (STAI)　56

信頼性　20, 23, 52
正規性　23, 55

た
デス・エデュケーション　3, 4, 85
デモグラフィック・データ　68
デモグラフィック質問紙　68
動機づけ　10
得点化対象項目　19, 20

な
内的整合性　19, 23, 55
内的統制　9, 10
　——者　9
内容的妥当性　29
日本版 General Health Questionnaire 28 (日本版 GHQ28)　32, 67

は
Personal Death Anxiety Questionnaire (PDAQ)　18, 19, 20, 23, 32, 49
Personal Death Anxiety Questionnaire-Revision (PDAQ-R)　52, 60, 67
反応偏向　19, 23, 55
日頃の宗教行動質問紙　61, 67
文章完成法　25
Health Behavior Questionnaire (HBQ)　32, 68
Health Locus of Control　9, 10, 30, 44
　——尺度 (HLC)　31
弁別的妥当性　56
包括モデル　51, 67, 75

ま
未完　20

無関項目　49, 52

ら
リスク行動　9, 11
Locus of Control　9, 10

人名索引

A
Abdel-Khalek, A. M.　12
安達直　30
合田恵子　8, 31, 85
安溪真一　7
Armitage, C. J.　9, 36
Asmundson, G. J. G.　6

B
Bagley, K. J.　7
Barber, J. G.　9
Baum, A.　8
Bennett, P.　9, 10, 36
Berman, A. L.　10
Borger, S. C.　6
Breslow, L.　31, 36
Breslow, N.　31, 36
Byrd, K. R.　60

C
Chipperfield, J. G.　10, 11
Cinnirella, M.　50
Clements, R.　60
Conner, M.　9, 36
Conte, H, R,　6, 11, 12, 36, 83
Cox, B. J.　6
Crisp, B. R.　9

D
大坊郁夫　32, 67
デーケン, A.　3, 4, 86

Day, L.　6, 11, 36
Domino, G.　10

E
Elfenbein, M. H.　8, 9, 45, 46
Eliason, G.　6, 7, 50, 51
Enstrom, J. E.　31
Evdoka, G.　50

F
Florian, V.　13
Foss-Goodman, D.　6
Frazier, P. H.　6, 50
福原眞知子　56

G
Gesser, G.　5, 7
Groth-Marnat, G.　7
Guarnaccia, C. A.　7, 26, 85

H
濱崎敬子　12, 83
Handal, P. J.　6, 11
Hays, J. E.　10
Hayslip, B.　7, 8, 26, 45, 85
肥田野直　56
堀毛裕子　30
Hyams, N. B.　10

I
池田京子　85

板橋あゆみ　　9, 85
岩脇三良　　56

J
James, A.　　13
實成文彦　　8, 31, 85

K
鎌原雅彦　　25
金児暁嗣　　5, 12, 60, 61, 67, 83, 85
金子修己　　8, 31, 85
Kaplan, G. D.　　9, 30
柏木哲夫　　3, 86
Kastenbaum, R.　　7
片岡繁雄　　8, 31, 85
河合千恵子　　5
Kirsch, J. P.　　8
Knight, K. H.　　8, 9, 45, 46
小林哲郎　　26
河野由美　　10, 66
小杉正太郎　　12, 83
Krantz, D. S.　　8
Kravetz, S.　　13
Kubler-Ross, E.　　9
桑原裕子　　10

L
Lester, D.　　12
Loewenthal, K. M.　　50

M
Maides, S. A.　　9, 30
Maltby, J.　　6, 11, 36
松田信樹　　5, 6, 86
May, R.　　7
McGinnis, J. M.　　8
McMordie, W. R.　　12, 83
Miller, R. L.　　7-9, 11
Minton, B.　　5
Moore, L.　　10

Moore, M. K.　　7, 12
Muligan, R. D.　　7-9, 11
村松常司　　8, 31, 85
村松成司　　8, 31, 85
村松園江　　8, 31, 85
Murphy, P.　　50
Murphy, S.　　9, 10, 36
武藤孝司　　30
永井撤　　26

N
中川泰彬　　32, 67
中里克治　　5
Neimeyer, R. A.　　7, 12
Norman, P.　　9, 10, 36

O
岡田努　　26
大森純子　　10
小野寺孝義　　76
小野泰博　　7
尾坂良子　　85
大嶋伸雄　　30

P
Perry, R. P.　　10, 11
Pinder, M. M.　　26
Plutchik, R.　　6, 11, 12, 36, 83
Powell, F. C.　　7, 12, 60, 83

R
Radika, L. M.　　7, 26, 85
Reker, G. T.　　5, 7
Reznikoff, M.　　10

S
斎藤知子　　30
櫻井治彦　　30
笹竹英穂　　10
佐々木胤則　　9, 85

佐藤順子　10
Schumaker, J. F.　7
Servaty, H. L.　7, 8, 26, 45, 85
下仲順子　5
Sizemore, D.　5
Smith, C.　9, 10, 36
曽我祥子　56
Spencer, R.　10
Spielberger, C. D.　56
Spilka, B.　5
Stout, L.　5
Struthers, C. W.　10, 11
杉山あけみ　12, 83
Swanson, J. L.　60

T・V

武田則昭　8, 31, 85
田邊惠子　9
Tang, C. S.　10
丹下智香子　5, 86
Taylor, S.　6, 8
Templer, D. L.　12, 26, 83
Thorson, J. A.　7, 12, 60, 83
Tix, A. P.　50
Tolor, A.　10
Tomer, A.　6, 7, 50
富田勤　9, 85

津田彰　85
津田茂子　85
Tudor-Smith, C.　10
Van Brunt, D.　7

W

Wallston, B. S.　9, 30
Wallston, K. A.　9, 30
Warren, W. G.　7
渡辺正樹　9, 10, 30, 31
渡部雅之　26
Weiner, M. B.　6, 11, 12, 36, 83
Wells, A.　13
White, W.　6, 11
Wideman, M. V.　8
Wittkowski, J.　6
Wong, P.　5, 7
Wu, A. M. S.　10

Y・Z

矢島潤平　85
柳川啓一　60, 85
山本嘉一郎　76
Yan, E. C. W.　10
吉水浩　85
Zajonc, R. B.　9

【執筆者紹介】
松田茶茶（まつだ　ちゃちゃ）
神戸学院大学人文学部研究員
奈良女子大学文学部卒業
鳴門教育大学大学院学校教育研究科修士課程修了
神戸学院大学大学院人間文化学研究科博士後期課程修了
人間文化学博士

「死の不安」の心理学
青年期の特徴と課題
2012年3月30日　初版第1刷発行　（定価はカヴァーに表示してあります）

　　　　　　　著　者　　松田茶茶
　　　　　　　発行者　　中西健夫
　　　　　　　発行所　　株式会社ナカニシヤ出版
　　　　〒606-8161　京都市左京区一乗寺木ノ本町15番地
　　　　　　　　　　　Telephone　075-723-0111
　　　　　　　　　　　Facsimile　075-723-0095
　　　　　　　Website　http://www.nakanishiya.co.jp/
　　　　　　　E-mail　　iihon-ippai@nakanishiya.co.jp
　　　　　　　　　　　郵便振替　01030-0-13128

装幀＝白沢　正／印刷＝ファインワークス／製本＝兼文堂
Copyright © 2012 by C. Matsuda
Printed in Japan.
ISBN978-4-7795-0518-8

本書のコピー，スキャン，デジタル化等の無断複製は著作権法上での例外を除き禁じられています。本書を代行業者等の第三者に依頼してスキャンやデジタル化することはたとえ個人や家庭内の利用であっても著作権法上認められておりません。